चुका भी हूँ मैं नहीं!

कविता-संग्रह

चुका भी हूँ मैं नहीं!

शमशेर बहादुर सिंह

चयनकर्ता
जगत् शङ्खधर

राधाकृष्ण प्रकाशन

ISBN : 978-81-8361-861-8

चुका भी हूँ मैं नहीं!

पहला संस्करण : 1975
चौथा संस्करण : 2019

मूल्य : ₹395

प्रकाशक
राधाकृष्ण प्रकाशन प्राइवेट लिमिटेड
जी-17, जगत पुरी, दिल्ली-110 051

शाखाएँ : अशोक राजपथ, साइंस कॉलेज के सामने, पटना-800 006
पहली मंजिल, दरबारी बिल्डिंग, महात्मा गांधी मार्ग, इलाहाबाद-211 001
36 ए, शेक्सपियर सरणी, कोलकाता-700 017

वेबसाइट : www.radhakrishnaprakashan.com
ई-मेल : info@radhakrishnaprakashan.com

मुद्रक
यश प्रिंटोग्राफिक्स
नोएडा-201 301 (उत्तर प्रदेश)

CHUKA BHI HUN MAIN NAHIN!
Poems by Shamsher Bahadur Singh

अपनी पीढ़ी के सबसे बड़े कवि
विशिष्ट गद्यकार
और
बहुत प्यारे और सोने की तरह सच्चे
खरे इनसान
—जैसे इस युग में आज दुर्लभ हैं ऐसे—

बच्चन

को
अमित प्रेम और आदर से
यह अकिंचन कृति
बहुत संकोच के साथ समर्पित करता हूँ।

'हक़ तो ये है कि हक़ अदा न हुआ!'

विनीत
शमशेर

प्रकाशक की टिप्पणी 1981

चुका भी हूँ मैं नहीं! के पहले संस्करण में कई कारणों से बहुत-सी अशुद्धियाँ रह गई थीं। समय के अभाव के कारण पुस्तक की दूसरी आवृत्ति भी अशुद्ध छप गई। मान्य शमशेरजी उसी आवृत्ति में सुधार चाहते थे, परन्तु हमने पश्चाताप की भावना से समस्त प्रतियाँ नष्ट करके नया शुद्ध, संशोधित संस्करण प्रकाशित करना उचित समझा। अशुद्धियों के कारण शमशेरजी को जो मानसिक क्लेश हुआ, उसका हमें हार्दिक खेद है।

प्रकाशक

प्रकीर्ण

शमशेर का आग्रह कि इस संग्रह की कविताओं का चयन मैं करूँ—वह तो मैंने किया। उससे आगे बढ़कर संग्रह का नामकरण भी किया। सम्भव है, कुछ लोगों को यह नाम दम्भपूर्ण लगे। लेकिन यह उन लोगों को ही लग सकता है जो कवि और व्यक्ति शमशेर को नहीं जानते हैं। उसका उत्तरदायित्व अन्ततः मेरा ही है।

—जगत् शङ्खधर

आभार-ज्ञापन

जिन-जिन पत्रिकाओं ने समय-समय पर इस संग्रह की अनेक कविताओं को प्रकाशित किया है, उनके प्रति कवि बहुत आभारी है, विशेष रूप से 'हंस', 'कल्पना', 'प्रतीक', 'नया प्रतीक', 'कवि', 'लहर', 'हिन्दुस्तान साप्ताहिक' के प्रति। तथापि इस संग्रह की कई कविताएँ (कुछ सन् 1937-38 तक की) अप्रकाशित ही थीं। मेरे लिए यह कम गर्व की बात नहीं कि अपनी गोशानशीनी के बावजूद जगत् जी ने चयन का दायित्वभार लेना स्वीकार किया। उनकी सूक्ष्म काव्यमर्मज्ञता जानकार हलक़ों में सुविदित है। उन्होंने कौन-सी कविताएँ नहीं चुनीं और कौन-सी चुनीं, **मेरे लिए** उसी में उनकी आलोचना निहित है। उसकी मुझे आवश्यकता भी थी।

मैं बन्धुवर, सुरुचिसम्पन्न प्रकाशक, ओंप्रकाशजी के प्रति भी कम कृतज्ञ नहीं हूँ कि अपनी कविता के प्रति मेरी प्रायः घोर उदासीनता को काफ़ी कुछ दूर कर उन्होंने एक मुद्दत बाद मेरे नये काव्य-संग्रह को प्रकाशित किया। मैं अब अपने को इसके लिए तैयार पाता हूँ कि मेरे अन्य संग्रह भी प्रकाशित हों, कोई हर्ज नहीं। अपनी काव्यकृतियाँ मुझे दरअसल सामाजिक दृष्टि से कुछ **बहुत** मूल्यवान नहीं लगतीं। उनकी वास्तविक सामाजिक उपयोगिता मेरे लिए एक प्रश्न-चिह्न-सा ही रही है, कितना ही धुँधला सही। ख़ैर, यह मेरी नितान्त अपनी निजी आन्तरिक भावना है। मेरे अन्य कुछ मित्रों ने इनका प्रकाशन उपादेय समझा है और इसके लिए बराबर मुझे उत्साहित करते रहे हैं। उनकी स्नेहभावना के प्रति भी मैं हृदय से आभारी हूँ। अफ़सोस कि उनमें से सुहृद्वर डॉ. भारतभूषण अग्रवाल अब नहीं रहे! प्रस्तुत पुस्तक के छपते-न-छपते एकाएक अपनी जीवन-लीला समाप्त कर, वह उठ गए। बन्धुवर मर्मी कवि श्री बालकृष्ण राव को भी विदा हुए अभी बहुत समय नहीं हुआ। उन्हें मेरे इस

संग्रह को देखकर जो ख़ुशी होती, वह मेरे लिए कितनी मूल्यवान थी! वह इलाहाबाद का एक अनन्य अंश थे।

काव्यकला-समेत जीवन के सारे व्यापार एक लीला ही हैं—और यह लीला मनुष्य के सामाजिक जीवन के उत्कर्ष के लिए निरन्तर संघर्ष की ही लीला है।

—शमशेर बहादुर सिंह

भूमिका

इस दूसरे संस्करण की भूमिका के रूप में बहुत-सी बातें लिखना चाहता था। लिखीं भी। बहुत-से पन्ने रँगे और रद्द किये। हर पैराग्राफ़ एक अलग निबन्ध बन जाना चाहता था! और हर निबन्ध का टुकड़ा कोई लम्बी आवेश-भरी कविता! अतः सबको रद्द किया। अब यहाँ केवल उन अत्यन्त आवश्यक संशोधनों का ज़िक्र करता हूँ जो इस संस्करण में किये गये हैं, और उनके कुछ कारणों का भी।

प्रेस की छोटी-मोटी बल्कि बड़ी भी ग़लतियों का मैं काफ़ी हद तक अभ्यस्त हो चुका हूँ—ठीक जैसे प्रयोगवादी अमूर्त्तन और क्लिष्टता के आरोपों का, जो कुछ हद तक सही भी हैं—या इसका कि मेरी कविताएँ जनता के संघर्षों में सहायक नहीं बनतीं (मेरी हक़ीर कोशिशों के बावजूद), और यह भी शायद सही ही होगा। जो हो, अपनी कविताओं के प्रकाशन मात्र के प्रति एक विरक्ति-सी मन में घर करती गयी : कहना चाहिए, कर गयी है (क्योंकि यथार्थ तो यही है)। अस्तु खेद है कि अन्य कई कारणों के अलावा मेरी यह अरुचि या अन्यमनस्कता भी पहले संस्करण की कुछ बड़ी भूलों के लिए ज़िम्मेदार है। ख़ासकर दो ऐसी अजब गड़बड़ियाँ उसमें आ गयीं जिनके लिए मैं अपने घोर भुलक्कड़पने को क्षमा नहीं कर सकता। मसलन पहले संस्करण में 'ओ युग आ' और 'एक नये कवि से', ये दोनों कविताएँ ख़ल्त-मिल्त हो गयीं! और पहली कविता के कुछ स्टैंज़ा तो नदारद ही थे; जो नहीं थे उनका भी क्रम उलट-पुलट गया था। हाँ, इन दोनों का एक ही क्रम में छपना तो आवश्यक था, यानी ये एक क्रम में आती तो ज़रूर हैं, मगर इतनी ज़ियादा हरगिज़ नहीं कि एक ही कविता के दो खंड मानकर उन्हें छपने दिया जाता। अस्तु, अब दोनों के मूल शीर्षक अलग-अलग स्पष्ट कर दिये गये हैं, और पहली कविता अपने पूर्ण मूल रूप में प्रस्तुत है।

दूसरी गड़बड़ी 'सौन्दर्य' शीर्षक कविता के साथ हुई, कि वह दो-तिहाई ही छपी! इसका सम्पूर्ण मूल रूप संकलन करते समय उपलब्ध ही न हुआ। और रवा-रवी में प्रूफ़ देखते समय इस पर ध्यान भी नहीं गया। (यही अनदेखी स्थिति दरअसल 'ओ युग आ' की भी थी।) और लुत्फ़ यह—आज आश्चर्य होता है—कि 'सौन्दर्य' की अपूर्णता और 'ओ युग आ' का बेसिलसिलापन मुझे उस समय ऐसा कुछ ज़्यादा खटका भी नहीं! यह ज़रूर है कि छपने के बाद इन दोनों कविताओं से मुझे वह सन्तोष बिलकुल नहीं मिलता था जो पहले कभी निश्चय ही उपलब्ध होता था, और इसका कारण समझ में न आता था कि ऐसा क्यों है। इधर चन्द सालों से ज़िन्दगी कुछ ऐसी परेशानियों में गुज़री कि इतनी भी फ़ुर्सत न थी—या जी ही नहीं होता था—कि कभी अपनी ही पिछली कविताओं को उलट-पुलटकर ज़रा देख लें। बात यों भी है कि, ऐसे तो कविता लिखते समय (—उसको न लिखना तो बस में है नहीं—)जब तक वह पूरी नहीं हो जाती मैं आपादमस्तक उसमें डूबा रहता हूँ, किसी और बात का, एक तरह से कहिये कि होश ही नहीं रहता; पर, जब वह पूरी हो जाती है तो मैं उसे एक तरफ़ डाल देता हूँ। फिर उसकी सुध भी कभी मुश्किल से आती है, मानो फ़ुर्सत ही न हो पीछे मुड़कर देखने की (क्योंकि, सामने किसी और नयी रचना का माहौल घिरना शुरू हो गया होता है)। एक अर्सा बीतने पर—अकसर ही यह हुआ है कि—उसके बारे में सब-कुछ भूल गया हूँ। वह कहीं काग़ज़ों में, न जाने कहाँ, दबी पड़ी होती है और उसका दुबारा मिलना भी प्राय: असम्भव-सा ही हो जाता है। इसीलिए स्वयं अपनी कविताओं को पुस्तक का रूप देना मेरे लिए बहुत ही कष्टकर रहा है। इधर आँखों की तकलीफ़ के सबब समस्याएँ और भी उलझ गयी हैं। ख़ैर।... कुछ उम्र ने भी अब आन कर मेरे साथ मज़ाक़ करना शुरू कर दिया है।

जो कुछ मैंने ऊपर कहा, उसके बावजूद चन्देक कविताएँ ऐसी भी रही हैं जिनमें सुधार-सँवार का काम कभी-कभी बरसों चलता रहा। 'चुका भी हूँ मैं नहीं!' में संकलित होने के बाद भी दो-तीन कविताओं में इस ढंग के **यत्किंचित्** परिवर्तन या संशोधन हुए हैं। मसलन, 'सूर्य अपोलो स्तुति' में 'ओ' के स्थान पर 'हे' रखने से अधिक महत्त्वपूर्ण समस्या मेरे लिए पदों का प्रभावी ढंग से पंक्तियों में बाँटने की थी। पंक्तियों का रूप स्थिर करने में सचमुच दीर्घ समय लगा। 'एक नीला दरिया' में स्टैंज़ा '1' की अन्तिम पंक्ति से पहले 'उपज' के स्थान पर 'उभर' बेहतर है। यह एकमात्र संशोधन कई साल में हुआ। एकाध लेखों के उद्धरणों में मैंने देखा है कि छापे की किसी-

न-किसी अशुद्धि से भी आलोचक ने चमत्कारी अर्थ निकाल लिया है। मसलन 'सारनाथ की एक शाम', स्टैंज़ा 2, अन्तिम पंक्ति, से पहले शुद्ध रूप है 'तुझे खनते हैं' न कि 'तुझे-मुझे' वग़ैरह, जिसने आलोचक की कल्पना को भटका दिया। इसी कविता के अन्तिम शब्द 'मेरी उष्मा' नहीं, केवल 'उष्मा' है। 'मोहन राकेश' वाली कविता में एक स्थान पर 'मौत' की बजाय 'मौन' छप जाने से, प्रत्यक्ष है, अर्थ कितना बदल गया।

एक कविता पर तो मेरे अपने ही बहुत-से प्रश्न-चिह्न शुरू से ही लगे हुए थे।—यों, कुल मिलाकर, वह मुझे कमोबेश एक महत्त्वपूर्ण प्रयास लगता रहा—'असफल' हो, जब भी, चयनकर्त्ता ने भी उसे चयन में रखना मुनासिब समझा। 'सत्यमेव जयते' सबसे पहले 'कल्पना' में छपी थी। 'चुका भी हूँ मैं नहीं!' में भी मैंने वह कुछ परिवर्तित रूप में दी। मगर उसके बाद भी मैं उस पर जब-तब विचार करता रहा। यहाँ मेरा मतलब कविता में निहित 'विचार-भूमि'-परक किसी समस्या से नहीं है। स्पष्ट है कि वह सन् '62 के मेरे प्राय: नेहरूवादी दृष्टिकोण से प्रभावित है। न ही इस बात से यहाँ बहस—न ही उसकी यहाँ गुंजाइश—कि मैं आज कहाँ तक उसी भूमि पर स्थित हूँ। कविता में जो बात मुझे कहीं-न-कहीं बराबर खटकती रही वह है उसका र्‌हैटरिक; यानी ऐसे आवेश की अभिव्यक्ति, या ऐसे अलंकरण का प्रयोग जो अनुभूति को चमकाने के बजाय केवल भावना (माना कि वह तीव्र भी है) या विचारोद्‌भावना को ऊपर से मढ़े हुए था—अन्दर से कसे हुए नहीं, या बहुत नहीं।...

मैंने सोचा था कि प्रस्तुत संस्करण में फ़िलहाल इस कविता को ज्यों-का-त्यों ही जाने दूँ, क्योंकि मुझे लगता था कि सारे परिवर्तन मैं शायद अन्तिम रूप से स्थिर नहीं कर सकूँगा। ज़ाहिर है, ये संशोधन यांत्रिक ढंग से नहीं किये जा सकते थे; आन्तरिक सृजन-प्रेरणा ही अन्तिम निर्णय लेगी। मगर अब, अन्ततोगत्वा, इस कविता ने जो रूप ले लिया है उससे यह बहुत ही संक्षिप्त हो गयी है, और काव्य की दृष्टि से सम्भवत: अधिक सन्तोषप्रद। यही इसका अन्तिम रूप है, ऐसा मुझे लगता है। तथापि इसके पूर्व-रूप को मैं आज भी सार्थक मानता हूँ। इसी कारण अपने सम्पूर्ण पूर्व-रूप में यह 'परिशिष्ट' में दी जा रही है।

मैंने इधर महसूस किया है कि कहीं-कहीं रचना की आवश्यक पृष्ठभूमि को स्पष्ट करने के लिए मुझे भी सहयोगी रुख़ अपनाना चाहिए। मेरी कुछ कविताएँ ज़रूर ऐसी हैं जो पहले परिचय में सामान्यतया काफ़ी कठिन पड़ती

हैं। इस दृष्टि से एक परिशिष्ट अन्त में जोड़ दिया गया है, जो, आशा है, कुछ-न-कुछ उपयोगी सिद्ध होगा।

अन्त में उत्साही प्रकाशक श्री अरविन्दकुमार के प्रति कृतज्ञता व्यक्त करना भी मेरा कर्तव्य है, कि उन्होंने, कुछ नुक़सान सहकर भी, असुविधाओं के बावजूद, मेरे इसरार को मानकर, पहले संस्करण की यथापूर्व-पुनर्मुद्रित सारी प्रतियाँ रद्द करके, आवश्यक सुधारों और परिवर्तनों का समावेश करके, नये सिरे से, यह पूर्णतया प्रामाणिक दूसरा संस्करण प्रकाशित किया। और यह संस्करण सकारण सचित्र भी है।

इस नवीन संशोधित संस्करण को बन्धुवर स्व. ओंप्रकाशजी स्वयं प्रकाश में लाने के इच्छुक थे। पर होनहार को यह मंजूर नहीं था। हृदयगति रुक जाने से वह असमय ही हमारे बीच से उठ गये। मुझे अच्छी तरह याद है कितने आग्रह और आतुरता से उन्होंने सन् '61 में मेरा दूसरा काव्य-संग्रह 'कुछ और कविताएँ' छापा था। प्रस्तुत संग्रह को नवीन रूप-सज्जा में प्रकाशित देखकर सबसे अधिक सन्तोष और प्रसन्नता आज उन्हीं को होती, इसमें सन्देह नहीं है।

—शमशेर बहादुर सिंह

क्रम

परिशिष्ट

एक नीला दरिया बरस रहा

एक नीला दरिया बरस रहा है
और बहुत चौड़ी हवाएँ हैं
मकानात हैं मैदान
किस क़दर ऊबड़-खाबड़
मगर
                    एक दरिया
और हवाएँ
मेरे सीने में गूँज रही हैं।

एक रोमान
जो कहीं नहीं है मगर जो मैं
                    हूँ हूँ
एक गूँज ऊबड़-खाबड़
                    लगातार
आँख जो कि   अँखुआ
    आयी हो   बहुत ही क़रीब बहुत
    ही क़रीब।

(2)

    एक सुतून
  फिर हुआ खड़ा

वहीं
जहाँ कि वह शुरू से था खड़ा
एक जुनून
जो कि महज़ नाम था
फिर हुआ
जुनून
सब तुकें एक हैं
यानी कि मेरा
ख़ून।

अजब बेअदबी है ज़माने की—कि
कि
अक्स है इन्तिहाई गहरा
वही दरिया...
और वो मुझे ले गया डुबा
जहाँ इन्तिहाई गहराइयों के सिवा
और कुछ न था
एक इन्तिहाइयत...हाइयत
जो कि महज़ महज़ महज़
मैं हूँ—और
कुछ नहीं
यहाँ।

(3)

मगर
मेरी पसली में हैं—गिन लो
व्यंजन : और उनके बीच में हैं
स्वर
उसे मेरा ही कहो—फ़िलहाल :
[अहा, तुम कितने अच्छे हो कि मूर्ख हो—महात्मा मूर्ख
—इस ज़माने के स्वाँग में उतरे हुए
...एक आदिमतम देवता : स्थिरतम!]

नहीं नहीं नहीं
वह
स्वर :

एक ही हाथ : बायें आकाश को उठाये हुए है
एक गोल गति इक् करोड़ लाख बार घूम घूम
कर
मुझे लील जाती है
समूचा
अथाहों के दरिया में
अपने अक्स समेत
सच्च
वह स्वर।

(4)

तब मेरे लिए पहाड़ अरावली के
पुरातन-तम
खोद खोद डाले गये होंगे
सदैव के एक भविष्य में अभी से
नग्नतम बिवाइयाँ दरारें
धरती के सीने में अन्दर तक चली गयी हुई
घूम घूम कर
एक स्थिर चक्कर में
कविता की पंक्तियों की तरह—
अभी से।

(5)

हाँ मगर
वह
स्वऽ
र
एक फ़नल

धुँधुवाता
विशाल आकाश में
और वहीं
मैं
सीढ़ियों के-से
उलझे-पुलझे पथों से
चढ़ रहा हूँ उतर रहा हूँ चढ़ रहा...
तर रहा...
हूँ
और वहीं
एक
बड़ा नन्हा-सा
बड़ी गहराइयों वाला
अणु है अणु
नहीं मालूम? अणु
गूँजता हुआ
एक व्यर्थ का अभ्युदय,
याकि
व्यर्थ का तुक——
क्षण का
निरन्तर——
एक बूँद लहू
और लो मेरा आविर्भाव
कि भवता
कि है-हो-था
अभी तक
वही मैं कोई
एक कविता।

(6)

एक विलयनवादी काव्य जोकि केवल
मैं लिखता——लिख सकता——हमेशा नहीं——

वैसा काव्य। जैसा कि इनमें
ध्वनित-अध्वनित :
स्व
—
—
—
—इत्यादि।

समय के
चौराहों के चकित केन्द्रों से
उद्भूत होता है कोई : "उसे-व्यक्ति-कहो" :
कि यही काव्य है।
आत्मतम।
इसीलिए उसमें अपने को खो दिया
जाना गवारा करता हूँ
क्योंकि वहाँ मेरा एक महीन युग-भाव है
वहीं...शायद मेरे लिए...मात्र। शायद
मेरे ही अनेक बिंबों के लिए मात्र।
जिन्हें "मेरे पाठक कहा जाय" मात्र।

तो। इसमें और कुछ नहीं।
कोई संगीत नहीं। केवल प्रलाप।
केवल तम।
केवल प्रलाप। केवल मैं और आप। अनाप-शनाप।
शराब
यानी इनसानियत की तलछट का छोड़ा हुआ
स्वाद।
मुझे दो।
मगर पैमाना हो
फ़ोनिमिक्स
उन भाषाओं का, पश्चिम और पूर्व की, जो
मिलनसीमा को

आर्गनित
करती हैं,
बस
वहीं मेरा कवि :
तुम्हारा अन्यतम व्यक्ति।

नश्शा मुझे नहीं होता। नहीं होता।
मुझे पीने वालों को
होता
है—मेरी कविता को
अगर वो उठा सकें और एक घूँट
                पी सकें
अगर।

इसलिए बस
मुझे वही शराब दो। बस।
[—मुझे नश्शा नहीं चाहिए।]

[1973

यादें
[एक गीत]

कौन विहान
　बीते जन्म के
　　आज की संध्या में गतिमान ?

झिलमिल दीप-से जल
आज की
　　सुन्दरताओं में लयमान ?

अलस तापस मौन
भर स्वर में
　　करते
　　　क्षीण निर्झर का-सा करुण आह्वान।

[1943

योग

सूर्य मेरी पुतलियों में स्नान करता
केश-वन में झिलमिला कर डूब जाता
स्वप्न-सा निस्तेज गतचेतन कुमार

कमल तल में खिले सर के,
शीर्षासन से।

जागरण की चेतना से मैं नहा उट्ठा।

हवा है मेरी असंख्य
दृष्टियाँ अनुक्षण परस्पर देखतीं खुल-मुँद,
असंख्य
          चपल शीतल दृग
                    पुलक पल लिये, अपरम्पार।

मैं कमल के नाल पर बैठा हुआ हूँ
एक एड़ी पर टिकाये मौन।

— — —

चट-चटक कर कमर बोली...(क्या?)—
''घूमती लचती दिशाओं में
मैं पताका-सी।''

[5 : 2 : '58

ओ युग आ

ओ युग
आ
मुझे और लिये चल
ज़रा और—
शक्ति औ' प्रेम की गर्वभरी बाँहों में
और उस सादगी के सीने पे
जो : छोटी-छोटी दैनिक
बातों में होती है
कि लोक
गुनगुनाने लगें
शान्त सरल
आनन्द में!

ओ युग आ, मुझे और लिये चल, ज़रा-सा
और गा
ताकि मैं सुनूँ और झूमूँ
और उन नये मानों को आत्मा से चूमूँ
जो मेरे होंगे—और मैं जिनमें हूँगा
वह दर्शन वह कर्म
वह शान्ति वह मर्म
जो युगों ने न समझा होगा
वह तेरा और मेरा होगा

ओ युग, आ
मुझे नया   और नया   और नया बना
जैसे कली की आदिम मुस्कान
गहनतम मूलों को सहज रोमांचित करे
वैसे तू मुझको भरे!
ओ ताज़ा मोती की आब
ओ नये मान
आज ही खरादे हुए नग
तेरी गहराइयों की झलक
कि प्रागैतिहासिक जग
जग उठे जैसे
उस एक मुस्कान उस एक मद–मान में जैसे
वैसे तू मुझको वरे!

ओ युग, आ
मुझे   उठा
ज़रा–सा और लिये चल...ज़रा–सा
मेरी बहारें
युगों की बहारें   हैं
आने वाली
मेरी आत्मा की
शाश्वत
तू ही रखवाली
करेगा
एक–एक क्षण एक–एक कण
मेरा मैं मरेगा
तेरा अपार   मेरा संसार
कितने कितने जीवन से भरेगा
कि मैं कह नहीं सकता!

ओ युग, मेरी कलाओं की सम्भावनाएँ
कुल

तेरी निगाहों में हैं
सायंसी राहों की
अप्रतिम महिमाएँ
यौवन की
गरिमाओं
उछाहों में हैं
संग उनके
ओ युग मुझे ले चल
और ज़रा-सा!

और ज़रा-सी मैं पी लूँ
अमृत बूँदें
उस धारा की जो तू है!
जाने
कौन रहस्य
कल मेरी आँखें मूँदे!
नये से नये अति परिचित
कौन रहस्य
मुझको मुझसे खो दें!
कल ही हो शायद वह कल
कह नहीं सकता
ओ अवतारों के युग मेरे नये
मानव की नयी
संज्ञा के
अमर आधारों के
संग अपने आधारों के
और ज़रा-सा मुझे ले चल
और ज़रा-सा!

गा वह गीत
कि जो मैं समझूँ
आज

और कोई समझे न समझे!

गा, कि मैं सूनूँ और झूमूँ
और नये मानों की आत्मा को
आज अपनी आत्मा से चूमूँ
कि वह है अनन्त
जीवन की रसमयता!
इसीलिए और ज़रा-सा
मुझे ले चल
और ज़रा-सा!

[1958

एक नये कवि से

[प्रभातरंजन का पहला संग्रह 'सूनी घाटी के गीत' देखने और उससे मिलने के बाद]

देखता हूँ आज क्या मैं
फिर वही अपना शबाब!
वही तुम बेताबियों से भरे शर्मीले मिज़ाज
बहुत शर्मीले बहुत बेताब!

किन ज़मानों का भला तुम आईना बन कर
आज मेरे सामने हो?
—या अचानक कौंध कर खुल गयी
एक खिड़की बिजलियों की जहाँ
यह चेहरा तुम्हारा
सामने आ गया
लिये अपनी दृष्टि में वो झाँकियाँ
जो खो चुका हूँ
ज़माना हुआ!

नये हो तुम।
आज के हो तुम।
फिर भी क्यों
तुम
लिये हुए मेरा शबाब आये...!
आओ

लिये हुए वही जोश आओ
        वही गर्व
और वही आत्मा का धर्म जो कि
बहुत निजी कवियों का होता है!

[1957

सारनाथ की एक शाम

[त्रिलोचन के लिए]

ये आकाश के सरगम
खनिज रंग हैं
बहुमूल्य अतीत हैं
या शायद भविष्य । 1 ।

तू किस
गहरे सागर के नीचे
के गहरे सागर
के नीचे का
गहरा सागर होकर
भिंच गया है
अथाह शिला से केवल
अनिंद्य अवर्ण्य मछलियों के विद्युत
तुझे खनते हैं
अपने सुख के लिए । 2 ।

(सुख तो व्यंग्य में ही है
और कहाँ
युग दर्शन
मित्र
छल का अपना ही
छन्द है

सर्वोपरि मधुर मुक्त
और कितना एब्स्ट्रैक्ट
क्योंकि व्यभिचार ही आधुनिकतम
काव्य कला है और आज
आलोचना के डॉक्टर
उसे अनादि भी कहते हैं) । 3 ।

शब्द का परिष्कार
स्वयं दिशा है
वही मेरी आत्मा हो
आधी दूर तक
तब भी
तू बहुत दूर है बहुत आगे
त्रिलोचन । 4 ।

वह कोलाहल जो कोंपलों में भरा है
सुनकर
तू विक्षुब्ध हो-हो जाता
क्या उपनिषदों का शोर
उसे दबा पाता । 5 ।

वरुणा के किनारे एक चक्रस्तूप है
शायद वहीं विश्व का केन्द्र है
वहीं कहीं
ऐसा सुनते हैं । 6 ।

आधुनिकता आधुनिकता
डूब रही है महासागर में
किसी कोंपल के ओंठ पे
उभरी ओस के महासागर में
डूब रही है
तो फिर क्षुब्ध क्यों है तू । 7 ।

× ×

तूने शताब्दियों
सानेट से मुक्त छन्द खन कर
संस्कृत वृत्तों में उन्हें बाँधा   सहज ही लगभग
        जैसे य' आकाश बँधे हुए हैं अपने
सरगम के अट्टहास में । 8 ।

ओ
शक्ति के साधक   अर्थ के साधक
तू धरती को दोनों ओर से
थामे हुए   और
आँख मीचे हुए ऐसे ही सूँघ रहा है उसे
जाने कब से । 9 ।

तुझे केवल मैं जानता हूँ । 10 ।

            क्योंकि
मैं उसी धरती में लोट रहा हूँ   उसकी
ऋतुओं की पलकों-सा बिछा हुआ मैं
उसकी ऊष्मा में
सुलग रहा हूँ
        शान्ति के लिए । 11 ।

एक वासन्ती सोम झलक जो मेरे
अंक से छीन कर चाँद लुका लेता है
खींच ले जाती है प्राण मेरा
            उस पर भी है तेरी दृष्टि । 12 ।

आन्तरिक एकान्त
वरुणा किनारे की वह पद्म—
        ऊष्मा । 13 ।

[1962

सूर्यास्त

सूर्य मेरी अस्थियों के मौन में डूबा।
गुट्ठल जड़ें
प्रस्तरों के सघन पंजर में
मुड़ गयीं।

व्योम में फैले हुए महराब के विस्तार
स्तूप औ' मीनार नभ को थामने के लिए
उठते गये।
विकटतम थे अति विकटतम
विगत के सोपान पर्वत शृंग।

मेह
फेन-फूलों से गुथी सागर-लटों के बीच-बीच
थाह लेता
विशद
जल विशद।
विशद।

अमित आकांक्षा उभार
दाह का आलोक है केवल

धैर्य कितना धैर्य
औ' सन्तोष

कितना
आज के दिनमान की परछाइयों में
किरण का मासूम वैभव।

किरण का मासूम वैभव
यह किधर झुकता है ?

गजानन मुक्तिबोध

ज़माने भर का कोई इस क़दर अपना न हो जाये
कि अपनी ज़िन्दगी ख़ुद आपको बेगाना हो जाये।

सहर होगी ये शब बीतेगी और ऐसी सहर होगी
कि बेहोशी हमारे होश का पैमाना हो जाये।

किरन फूटी है ज़ख़्मों के लहू से : यह नया दिन है :
दिलों की रोशनी के फूल हैं—नज़राना हो जाये।

ग़रीबुद्दह्र थे हम ; उठ गये दुनिया से ; अच्छा है...
हमारे नाम से रौशन अगर वीराना हो जाये।

बहुत खींचे तेरे मस्तों ने फ़ाक़े फिर भी कम खींचे
रियाज़त ख़्वार होती है अगर अफ़साना हो जाये!

चमन खिलता था वह खिलता था, और वह खिलना कैसा था
कि जैसे हर कली से दर्द का याराना हो जाये।

वह गहरे आसमानी रंग की चादर में लिपटा है
कफ़न सौ ज़ख़्म फूलों में वही पर्दा न हो जाये।

इधर मैं हूँ उधर मैं हूँ अजल तू बीच में क्या है
फ़क़त इक नाम है यह नाम भी धोका न हो जाये।

×

वो सरमस्तों की महफ़िल में गजानन मुक्तिबोध आया
सियासत ज़ाहिदों की ख़न्दए-दीवाना हो जाये।

[1964

हवा में सन् सन्

हवा में सन् सन्
ज्योति के जो हरे तीखे बान
चल रहे हैं

सुलगते आकाश वन में :
लाल गौहर औ' ज़मुर्रद के निशान
उड़ रहे हैं।

आख़िर क्यों मुस्कराते हैं शराबी अधर?

वातावरण
हेम केसर से भरा है।

दिल कि सीने में तड़पता है, तड़पता है,
जैसे
हवा में कोई सिसकता है।

सुर्ख़ फूल ओस में
चुपचाप
ढुलते चले जाते।

आख़िर किसलिए
प्राण में केसर बरसता है ?

मधुरात
यह
इस तरह क्यों है ?

किरण रेखा तिलक

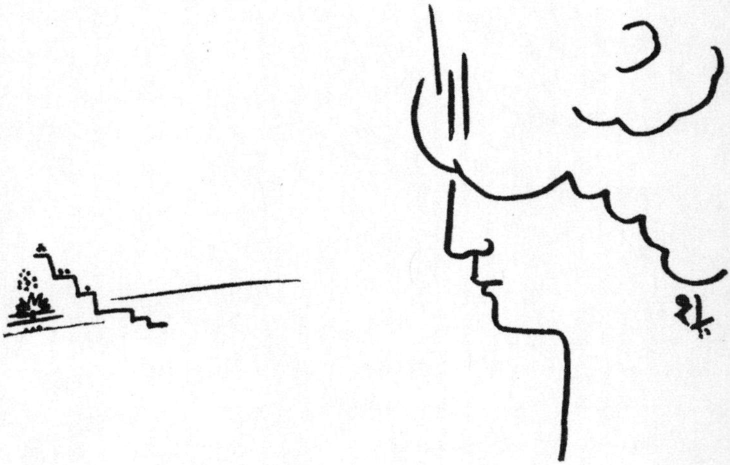

किरण रेखा तिलक

किरण रेखा
        तिलक;

रश्मि बादल
      बाल—
      सजे घने।

श्वास में है
        एक स्वर्णिम जाल।

स्वप्न—
      अलकापुरी।

[1942

प्रेम की पाती

घर के बसन्ता के नाम

[साम्प्रदायिक दंगों के परिप्रेक्ष्य में, गांधी जन्मशती वर्ष में लिखी गयी]

(1)

कौन के पीतम, कौन की पाती!
आस लगाये, दीया न बाती!

ओ मेरे साईं, ओ मेरे ईश्वर
तेरा ही नाम अब प्रानों की थाती!

होली का भय, दीवाली का आतंक
ईद मुहर्रम, एक ही भाँतिऽ!

पर्व के दिन और ऐसे भयानक!
छलनी-छलनी रे देस की छाती!

प्रेम के संगी, धर्म के साथी
ऊँघ गये सब संग-सँगाती!

काले बजार में धर्म की दुल्हन
कैसे ये दूल्हा! कैसे बराती!

हिन्दू कि मुस्लिम सिख कि ईसाई
भारतवासी कौन एक् जातिऽ!

(2)

कौन पठायी किन्ने रे बाँची
प्रेम की पाती साँची रे साँची!

मैं तो न जानूँ उर्दू कि हिन्दी
प्रेम की बानी साँची रे साँची!

प्रान हमारे मान तुम्हारा
एक घरन थे, टाँक न टाँची!

आज गिरौ कुल साख हमारी
देस में परखी लोक में जाँची!

आज सुहाग के फूल बखेरे
माई रे मेरी आग में ताँची?

फूल का काँटा फूल को छेदे!!
डंक-लगी सी भामरी नाची!

तीरथराज की आब गयी कल
आज इन्दौर है मेरठ, राँची!

धन गुजरात में गांधी तरपन!
धन्न रे धर्म की मूरत काँची!

वैष्णव-जन तो एनेइ कहिये
साबर-सन्त शती यह साँची!

कैसा जग्य कि होम हुए हैं
मात-शिशु समिधा भर खाँची!

भारत-भाग्य-विधाता रे जन-मन
जन के रे मन पर चंडी नाची?

आज मनाओ, घर के बसन्ता,
प्रेम का पर्व है साँची रे साँची!

मोहन राकेश के साथ एक तटस्थ बातचीत

राकेश   मोहन राकेश   मो...
...   .

सारा दिन, कल, परसों, आज
मोहन   राकेश   मोहन
मो...   ...   ...

यों ही   ख़ामख़ाही   यों   ही   ख़ाम-
ख़ाही   बार-बार   अचानक   और
फिर-फिर   डिस्टर्ब करता रहा मुझे
मोहन राकेश

उसका नौजवान अपने प्रौढ़ से
हाथ मिलाता
अपने अधेड़ से कतराता
कतराता
आर्टिस्ट-और-मनुष्य और
आधुनिक   मनुष्य-आर्टिस्ट
एक खोज की दृष्टि लिये हँसता
और अट्टहास करता हुआ
सहसा
कहाँ चला गया?

किधर चला गया?
पीछे-पीछे आता हूँ   देखता हूँ
किधर हो तुम,   किधर
छिपे हुए हो
मौत कोई सेंटीमेंट की चीज़ नहीं :
वह एक ठोस हस्ती है व्यक्ति के लिए
हर व्यक्ति के लिए
मौत हमारी आँखों में अचानक
देखती है—अचानक देखने लगती है
वह दृष्टि कितनी खरी होती है
अचानक
मोहन राकेश

तुम बहुत अधिक पी गये थे क्या?
क्या अब भी जाम तुम्हारे हाथ में है
उस जाम में तुम क्या कोई
नयी टेकनीक, कोई नया ड्रामा
नये स्टेजपात्र
नये एंगिल से देख रहे हो?

मोहन राकेश
हमारा परिचय इतना कम होते हुए भी
तुम्हारी मुस्कराहट में मैंने हमेशा
एक बड़ा दीर्घ-सा और गहरा
और बड़ा सहज परिचय पाया

—मोहन राकेश, यद्यपि
मौत का राज़ तुम मुझे नहीं बता सकते
मगर
मौत पर तुम विजयी हो गये हो

और हम हताश हैं कि इतनी जल्द
तुमने यह विजय प्राप्त कर ली

क्या कोई बेहतर स्टेज वहाँ
        बना हुआ है?
अधिक दक्ष, सेंसिटिव और गूढ़-चेता
        ऐक्टर्स और ऐक्ट्रेसेज़ वहाँ हैं?

टट्   टट्   टट्   टट्

कहाँ की बातें हैं
        शमशेर जी
                हा! हा! हा! हा! हा! हा!
                        ×   ×
                        ×   ×
उस व्यक्तित्व की मिठास
कहीं-कुछ एक ठोस-सी
                अपने चौगिर्द की पहचान...
वह दिल्ली और पंजाब के संभ्रांत
        मज़ाक़ को बहुत अच्छी तरह पहचानता था
        और बड़ी ख़ूबी से उसे
                बरतता था।

जो हो,
तुम्हें,   मोहन राकेश,   अभी नहीं जाना था

मगर हम कौन होते हैं तुम्हें रोकने वाले?
हम होते कौन हैं?

कौन जाने तुम्हारा क्या क़रार था
                मौत से
एक गुप्त आर्टिस्ट का क़रार

तुम्हारे गुप्त आर्टिस्ट के भेद को हम
क्या पा सकते हैं?

मगर हम ख़ामख़ाह तुम्हें छेड़ रहे हैं शायद

तुम इस मौत की दीवार और धुएँ के
उधर
एक बिजली की-सी तड़प के उधर
धड़कन की धक्-धक् और बस
—बस

के उधर
जाने किस ख़याल में लीन होगे?

हम तुम्हें डिस्टर्ब तो नहीं कर रहे हैं?

डोंट माइंड ऐन् ओल्ड फ़ैलो-राइटर
मैं अगले वक़्तों का हूँ एक सपाट-बयान

तुमने न जाने कितने पर्दे उठाये
और छोड़े
आधा ख़ुद बोले, आधा दो पात्रों के
मुँह से एक साथ
और आधा एक फ़ैंटेसी के ख़्वाब में
और फिर अचानक चुप हो गये

उस शांति और उस नींद का अर्थ मैं तुमसे
कैसे पूछूँ
उतना सेंस ऑव् ह्यूमर मेरे पास नहीं
तुम मुझे क्या जवाब दो!

एक सुकून—एक अचानक
सर पर टूट पड़ने वाली शांति

घहरा कर डराती हुई मूक शांति
यह ? ?

× ×

कुछ लोगों को मौत क्यों इतनी
प्यारी लगती है
मगर वो कभी किसी को नहीं बताते

जब वह मुस्कुराते हैं तो
कभी नहीं बताते कि
मौत को वह एक प्रेमिका की तरह
अपने जाम में—अपने
आधे ख़ाली जाम में
देख रहे हैं।

वह आँखों की चमक
वह हल्की-सी कड़ुई और
गहरी मुस्कराहट
जो अचानक तुम पर डोरा डाल गयी

ओह मॉडर्न आर्टिस्ट
काश, तुम इतने मॉडर्न न होते

ताकि ज़िन्दा रहते
ज़िन्दा रहते
अभी कुछ और दिन ज़िन्दा रहते!

ज़िन्दा रहना क्या होता है शमशेरजी
तुम मुझसे पूछ रहे हो

और मैं कुछ नहीं कह सकता

मैं
एक गुमशुदगी को प्यार करता हूँ
हमेशा प्यार करता रहा हूँ

और तुम उसी की तरफ़ चले गये हो
कैसे कहूँ कि मुझे तुमसे
ईर्ष्या नहीं
तुम उस लोक में हो
जिसकी परछाइयाँ
बहुत बार बहुत बार
मैंने चुपचाप छू ली हैं
उनकी नरमाहट और ठंडक
और वैचित्र्य
और अद्‌भुत अपनाव

और एक ऐसी ख़िला
जो हम स्वयं हैं—ऐसा महसूस करते हैं
जहाँ यह गंदगी
आज की सियासत की
आज की गंदी कला की
आज के झूठ की
आज के फ़रेब और आज के पैसे की
आज के बीभत्स शासक और शोषक की

नहीं है

शायद नहीं है।

बताओ

कुछ तो बोलो
कुछ तो हमें बताओ
किस आशा से
किस आकर्षण से
तुमने साँस छोड़ दी :
देह त्याग दिया
घर को भूल गये
कला को अजनबी बना दिया
ऐसी छलाँग ली
कि अभी जो सीन अपनी पराकाष्ठा पर उभर रहा था
वह तुम्हारे एक इशारे से

ऑफ़ हो गया
और फिर सब लाइट्स ऑन हो गयीं

अफ़सोस हम तुम्हें समझ न सके

और तुमने हमें चुटकी बजाते में
समझ लिया
और बस रिसीवर रख दिया

हम गुडबाई भी न कर सके।

हा! हा! हा! हा! हा!

सूर्य-अपोलो स्तुति

हे स्वर!
एक राग-जागरण
दिवा निशि! तुम साक्षात्
मौन-प्रवर्त्तन! रति मति लय के
छवि-नर्तन की शक्ति! अजात
जीवन-गति-अनुपात!

जन्म-जन्म की
ऋतुओं के हो तुम आदित्य!
उदय-अस्त की सृष्टि-प्रलय के
अरुण चक्रधर! मुक्ति-प्रवृत्त!
जीवन में तुम नित्य!

हे स्वर!
मौन तुम्हारे
करुण सहारे आँखें खोलीं,
चूम ज्वलित पद। चिर परिणय के
पट उघार—आसक्ति अडोली
लख—मृदु आत्मा बोली :

''हे स्वर देव!
सूर्य-अपोलो!

इस सरगम का क्या है ध्येय?
ग्राह्य कौन उद्‌गार हृदय के?
हेय कौन अभिव्यक्ति? अजेय
कौन सत्य उपमेय?''

''हे स्वर पुत्र!
अपना स्नेह... अपना स्नेह
सनातन... केवल अपना संबल
अपने दुर्बल प्राण प्रणय के
अपनी आशानुरक्ति कोमल
निर्मल छवि के लघु पल।''

[1938

सत्यमेव जयते

[भारत–चीन युद्ध सन् '62 के संदर्भ में लिखित कुछ पंक्तियाँ]

(1)

वह पहाड़ी नदी एक रायफ़ल की बाढ़ है
जिसके किनारे दलाई लामा खड़ा है

(2)

और अखिल सत्य के महादेव
बौनों पर करुणा से हँस रहे हैं

(3)

सत्य की ज़बान बन्द हो
फिर भी वह गरजता है
सत्य की कसी हुई मुट्ठियाँ सहसा
खुलती हैं
तो आँधियाँ आती हैं
जो अटामिक मोर्चों पर भी आख़िरकार
उड़ा ले जाती हैं

(4)

यह धरती अपनी जिस कीली पर घूम रही है

वह
सत्य है
वह शक्ति के दुरभिमानियों का
रसातल नहीं

(5)
क्या शिवलोक के बीच कोई
विभाजक दीवार
        खड़ी की जा सकती है
सिवाय सच्चाई की उज्ज्वलता के

(6)
शक्ति आकार में नहीं
सत्य में ही है।

चीज़ यानी थिंग

चीज़ यानी 'थिंग'
    है पैसा।
मैं हूँ थिंग यानी चीज़
    माल :
मैं हूँ माल।
साँस का टोटा
    माल का टोटा।

×   ×

बाँधो
ज्ञान की आत्मा—पेट से बाँधो
    ज्ञान की आत्मा :
पीठ से बाँधो...घर-परिवार
    पीठ से बाँधो!

×   ×

काला काला
आँख का तिल है
जोत का द्वार।
(आर-पार
जाओ
देखो
क्या है अन्दर!)

×   ×

खाल में है मन
मन में खाल।
साँस ही बचाव
और हवा ही ढाल!

सत्य है काल।

[हे मा! हे मा!
हे परमेश्वर! हे परमात्मा!

हूँ यह
यह मैं
कैसी चीज़?

है युग!]

[1952

एक प्रभातफेरी

फिर वह एक हिलोर उठी—
गाओ!
वह मज़दूर किसानों के स्वर कठिन हठी!
कवि हे, उनमें अपना हृदय मिलाओ!

उनके मिट्टी के तन में है अधिक आग,
है अधिक ताप :
उसमें, कवि हे,
अपने विरह-मिलन के पाप जलाओ!
काट बुर्जुआ भावों की गुमठी को—
गाओ!
अति उन्मुक्त नवीन प्राण स्वर कठिन हठी!
कवि हे, उनमें अपना हृदय मिलाओ!

सड़े-पुराने अन्ध कूप गीतों के
अर्थहीन हैं भाव, मूक मीतों के—
उन्हें अपरिचय का लांछन दे बिलकुल आज भुलाओ!
नूतन प्राण-हिलोर उठी!
तुम, जिस ओर उठी, उठ जाओ!
कवि हे!...

[इलाहाबाद, 1940

वह शख़्स [एक]

आग बुझ गयी   वह काला
पत्थर रह गया।
धुआँ बन गया—वह चित्र
अपना जो न था।
डूब भी गया वह बोझ, भारी
मन के—अतल तम में।
वह छल
रँग न सका—सत्य को :
दुःख दे गया :
दुःखमय भाव का विषाद,
मौन, बन गया। क्यों न वह
भूल ही गया,
कि जो था
मर्म-पतित इतिहास
युगों का खोखला-सा ?
क्षीण स्वर में जीवन का
हीन उपहास
वह— ?

[1939

वह शख़्स [दो]

मौन
वह उर में—एक
घुटी हाय-सा कसा।
अन्त तक जो फिर, क्रूर
विषम घाव-सा बसा।
केवल तम वह, एक
मौन
धूम-
धाम।
एक छल-क्रम वह।
व्यर्थ
पांथ-अनादर भाव,
जो छिप-छिप कर हँसा
अन्दर-अन्दर।

[1939

वह शख़्स [तीन]

आह, तुम क्यों न धँसे
तम-पाषाण—
मेरे मानस-तल में कसमस?
बरस चुके वे बाण
अग्नि के—
पावक-पल के बाण,
जो गिर कर नीरव आँचल में क्षिति के
व्यर्थ बुझे!
मेरा हृदय जला न,
यद्यपि तपा बहुत वह
अनल-छाँह में।
झुलसा भी न गया
पाकर कटु-मादक-तम
अन्तिम उल्कापात।

[1939

नींद के तंग आकाशों की जमी हुई

नींद के तंग आकाशों की जमी हुई
गर्द से भारी हो उठी है यह छाती।
नमक-जैसे मैले संगमरमर का बादल मेरी
आँखों में कब तक गड़ता—घुलता जायेगा?

× ×

तारों-सी हैं मेरी बातें—
दुर्बोध, अति सरल, अति दूर, अति निकट,
पलकों में।
बच्चों-सा है मेरा दुख जो खोये गये हों
दुनिया के, महामरु में
जिनको अपनाने—क़ाफ़िले आँधी के
उठते हों केवल।

[1941

एक दोस्त से

गजेंद्रपालसिंह,
दवा मेरे दिल की मिलनी है मुहाल;
शब्द-भाव-'प्रेम' वर्जित कर दिया गया है
मेरे जीवन में कितना!
—कि मैं अब समाजवादी ही बनूँगा
और समालोचक वक्ता आर्ट पर;
—मेरी कला चीखेगी अपर व्योम में
अपनी अभिव्यक्ति के लिए,
पर मैं दूँगा ज्ञान अपने संसार को,
हृदय को कर्म के पत्थरों में दबा दूँगा,
तर्क का काँटा ही बनेगा मेरा हृदय।
पूजा? पूजा? किसकी पूजा?
देवि नहीं मेरी आराधनाओं की वह
कितने ही जन्म जिसके लिए मैंने
बलि किये उसके चरणों की-सी अमृत-आशा में।
वह मेरे देश के विधानों की समस्या है आज!
मैं कितना विवश हूँ,
गजेंद्रपालसिंह!

[1938

कथा मूल

एक

गाय—सानी । संध्या । मुन्नी—मासी!
दूध ! दूध ! चूल्हा, आग, भूख।
मा ।
प्रेम ।
रोटी ।
मृत्यु ।

दो

औरत । अँधेरा । जोड़ों का दर्द । बच्चे।
पाप । पुनर्जन्म।
आत्मोन्नति । पुलिस । आज़ादी । स्वाहा।

तीन

गुरुजन । हिम-शिखर । हँसी।

चार

लिंग ; मानस। लिंग ; अर्वाचीन।
लिंग ; शिव ; भविष्य।

योनि मात्र शून्य, सदैव-सदैव ।
काल; हम—तुम—सब, शिव ।
सदा शिव।
तुम तत्-सत् ।
मैं यह क्षण ।

[1941

कोमल सुख की कराह-सी पंखुड़ियाँ

कोमल सुख की कराह-सी पंखुड़ियाँ
मद से बेहोश अतिशय कोमल
वह फूल जो रंगीन है :
कड़ी क्रूर गुट्ठल, धरती के अन्दर रस-भरी
मोटी गहरी जटाओं-सी
जड़
उसे उसे
किन सूक्ष्म तन्तुओं अदार्शनिक अणुबिम्बों तक
परस रही है
—मानो अति शीतल दूरी की आँच से ही—
निरन्तर
और भी दूर गहरी जाती हुई
...उसी क्षणिक फूल को
जो धरती की सब से कोमल वस्तु
सब से कोमल प्राण है
सब से सुन्दर ?

[1968

सानेट (बैठा हुँ तॅ रह गया हुँ बैठा ही मैं)

बैठा हुँ तॅ रह गया हुँ बैठा ही मैं,
उट्ठा हुँ अगर तॅ यह नहीं है मालूम
है राह किधर वॅ जिसका हूँ राही मैं :
झोंका हूँ शाम का, कि फटती हुई पौ;
झुकते हुए दीवट पे सिसकती हुई लौ :
खोई हुई जवानी हुँ भटकी हुई साँस;
टूटी हुई नींद हूँ, कहीं है मालूम
किस ख़्वाब के देखने कॅ हुँ अटकी हुई साँस

सोना ही–सा है जागना भी मेरा :
बहते दरिया को ताकती–सी हुई क़ब्र
सुन्सान में आहें भरता जाता हुआ अब्र
ठहरा हुँ समय की सरा में कुछ देर
बेकस की हँसी है मेरा जीना, शमशेर
मरना है सुकून माँगना भी मेरा।

[1939

[नोट : एक ही रुबाई के अन्तर्गत रुबाई के लिए निश्चित छन्दों में से दो–तीन विभिन्न छन्द तक प्रयुक्त हो सकते हैं। इस सानेट में मैंने रुबाई के लिए निश्चित छन्दों में से कइयों का प्रयोग किया है।]

मुझको मिलते हैं अदीब और कलाकार बहुत

मुझको मिलते हैं अदीब और कलाकार बहुत
लेकिन इनसान के दर्शन हैं मुहाल।

दर्द की एक तड़प—
हलके-से दर्द की एक तड़प,
सच्ची तड़प,
मैंने अगलों के यहाँ देखी है;—

या तो वह आज है ख़ामोश तबस्सुम में ज़लील
या वो है कफ़-आलूद;
या वो दहशत का पता देती है;
या हिरासाँ है;
या फिर इस दौर के ख़ाको-ख़ूँ में
गुमगश्ता है।

[1953

शान्ति के ही लिए

ली तिएन मिन

कोई भी हो तुम
मर्द या औरत
बूढ़े या बच्चे,
मज़दूर, किसान,
सिपाही, विद्यार्थी,
कि व्यापारी;
कोई भी फ़र्क़ इससे नहीं पड़ता
कि तुम्हारे राजनीतिक विश्वास क्या हैं
या तुम किस धर्म को अपनाये हुए हो
अगर तुमसे पूछा जाय कि
        सबसे बुनियादी वह पहली चीज़ कौन-सी है
कि मानव-मात्र के लिए जिसका होना आवश्यक है?
        तो एक ही जवाब होगा तुम्हारा :
                एकदम पहली ही बार,
                फिर दूसरी बार भी,
                और अन्तिम बार भी
        यही एक जवाब—
                    शान्ति!

यानी कि अगर तुम बँधे हुए नहीं

किसी प्रतिक्रियावादी गुट से; या नहीं तुम
सिड़ी सौदाई पागल।
हाँ—

फिर वह तुम हो
चाहे मैं
चाहे कोई और
सभी : सभी सीधे और समझदार लोग
निश्चित रूप से शान्ति ही चाहते हैं।
सभी को शान्ति प्यारी है : उतनी ही प्यारी
जितनी कि सबको अपनी आँख प्यारी होती है।*

[1954

* 'चीनी-हिन्दी भाई-भाई' के युग में विश्व शान्ति आन्दोलन की एक कॉन्फ्रेंस में पठित ली तिएन मिन की एक लम्बी कविता के आरम्भिक अंश का अनुवाद।

सीता

नींद के पहाड़ों के पार
सोने का जागरण है,
मौत का
एक रंगीन हरण है,
रात के पहाड़ों के पार।

राम, यह पर्णकुटी छोड़ो।
चलो, उधर!

[1939

देवली जेल से एक पत्र पाकर

जब सुनी मैंने—वह व्यथा
        खुली :
सुनी मैंने दूर की वाणी
        बन्द प्राणों की,
चुप हुआ मैं :
देख कर वह पत्र
हँसा भी मैं।

क्या यही था
        पथ ?

मिटी गोधूलि,
        धरा डूबी,
तमिस्रा-तल में,
बहुत-से तारे
उभर आये। बस।
नींद में डूबा
सकल मानव।
मैं अचेत
सोचने का स्वप्न बुनता :

यही व्यथा ?
यही प्रेम ?
यही क्रान्ति ?

[1941

गिन्सबर्ग के लिए

हमारे बीच कोई सीमा-रेखा नहीं
सिवाय गंगा की रेत या मियामी उद्यानों
के
सिवाय कश्मीर निस् जेनेवा नियाग्रा रायो
सिवाय सितारों के पहाड़ों के बहारों-त्योहारों के
कोई सीमा-रेखा नहीं।

भाषा ? हिश्त्!
हम होंठों में उछलता रक्त हैं हृदय में आँसू और शराब शरारत हँसी
हम उपहास हैं सीमा-रेखाओं के—हम
लहरें भाषाओं के आर-पार :
हम हैं और एक दुनिया हमारे साथ
है। है। सदा से, सदा
सीमा-रेखाओं से
मुक्त।
भाषा ? भाषा
हृदय हमारे
भाषा हमारी
सीमा-रेखाएँ हमारी एक—एक साथ
हम हैं एक साथ हम हैं
हम——हम सारी दुनिया!

लिपियाँ स्वर औ' व्यंजन
आरोहावरोह गति टोन
छंद न्यास मौन कि मुखर
साँस की नाना गतियाँ
दम सम विराम
इन सबके अर्थ
हम
आर-पार——सातों समन्दर के
छहों महाद्वीप के
गत-आगत के
आर-पार
हम हैं, हम
कवि लोग!

[1962

प्रभात

जागरण की चेतना से मैं नहा उट्ठा।
सूर्य मेरी पुतलियों में स्नान करता।

केश वन में झिलमिला कर डूबते हैं
कमल
        मधु चेतन कुमार
                        दल
जागरण की चेतना से...

प्राण मेरी
        दृष्टियाँ अनुक्षण
        परस्पर देखतीं
        खुल–मुँद
असंख्य
चपल शीतल दृग
        पुलक पल लिये
                अपरम्पार।

रवि
कमल के नाल पर बैठा हुआ मानो
एक एड़ी पर टिकाये
                मौन।

वह सागर

वह सागर
उट्ठा जो, उठा, और——और——और
पाने मुझे,
अपने अंक में ही लेने मुझे;
कहाँ टकराता
अपनी मौन लहरें——

मैं हूँ यहाँ——
निश्चलतम!

[1941

भाषा

भाषाओं की नस-नस एक-दूसरे से गुथी हुई है
        (मगर उलझी हुई नहीं)
हमारी साँस-साँस में उनका सौन्दर्य है
        (मॉ ड र्निस् टिक्) कहो मत
अभी हमें लड़ने दो।

यह स्टेज महान
                        मूर्खों के ही लिए है
आह, यह आधुनिक स्टेज
परिस्थितियाँ हीरो हैं
और यांत्रिक राजनीति हीरोइनें
    जितने ही भाषा प्रदेश और देश उतने ही अंक हैं
                                        इस नाटक के!

ओह
विदेशी मनीषी!
तुम्हारी पूँजी हमने मोल ली है
        अपने भविष्य की माया से
चक्षु दृष्टि ज्ञान ध्यान : अक्षर—
अक्षर में हमारी व्युत्पत्ति का विज्ञान।
                        —हम तो हैं धर्मक्षेत्र
                        तुम्हीं संजय : स्थिर संज्ञायुक्त

हमारे इतिहासकार ओ विदेशी मनीषी!
हमारी भाषाओं से प्रेम मनुष्योत्तर है
तुम्हारा मानव-प्रेम भाषाओं के भेद भेद जाता है
हम 'एक' ही हैं : 'दूसरा' जो भी है, नहीं है—
अर्थात् असत् है : उसे नहीं ही होना चाहिए।
हमारे द्वारा उसकी समाप्ति है।
एकोऽहम्—एकोऽहम्...

हमें कोई जीत नहीं सकता तर्क से : हम तर्क से परे
एक अनादि धर्मक्षेत्र के कृष्ण हैं।

इस नाटक के लिए
आधुनिकतम निर्देशक अमरीका से बुलाओ
और फ्रांस से। और जापान से
तभी हम खिलेंगे और रक्त के समान उज्ज्वल
हमारी भाषाओं का तिलक होगा!!

(घोषणा)

हम एक हैं!!

मगर कहाँ! मगर कहाँ! मगर कहाँ! मगर कहाँ...!

यह आध्यात्मिक प्रश्न
हमें लहूलुहान कर रहा है!
जर्मन और अमरीकी और फ्रांसीसी और फ़िरंगी और रूसी
और समस्त योरपीय प्राच्यविद्याविद्
हमारा अगम ज्ञान सागर मंथन कर रहे हैं...

और हम होली खेल रहे हैं
और हम स्वयं अहा स्वयं दानव स्वयं देव
इसी सागर में होली खेल रहे हैं!
आओ, हम पर धूल फेंको गहरी कीचड़ फेंको!
हमारे शेषनाग हमारे काल पर!

हमारे रंगीन भ्रूणों से हमारी आधुनिक सभ्यता का
          इतिहास लिखो
आओ, एटामिक बन्दनवार दिशाओं-दिशाओं सजाने वालो,
                                        आओ!
          हमारी अमर आत्मा तुम पर निछावर है कब से!

जब नयी सृष्टि जन्मेगी ओ जनमेजय
नये ज्ञान-पुराण के साथ—
हम अखिल के प्रति जिज्ञासु उल्लसित मोहित
और उसके प्रत्येक शब्द स्वर बोल ताल
और तान और तरंग से भरे
सहज ही आनन्दित होंगे

अभी वह बहुत दूर की बात है...।
अभी हमारे मुँह में झाग है आँखों में क्रोध और दम्भ और
          एकांगी विद्वत्ता की कठोर लालिमा!
अभी हम बात-बात पर दाँत दिखाते हैं देखो हम कैसे
हुमसते हैं बार-बार
—सभी शब्द **हमारे हमारे** ही कोश में हैं
एक प्यार के वास्तविक शब्द को छोड़ कर!
हमारा गर्व   एक-दूसरे को पीस रहा है   हम मात्र जबड़े हैं
अत्यन्त शक्तिशाली जबड़े हम सभी।
पशु-गर्व हमें देख कर कुछ सीखे तो सीखे।
हमारी कलाएँ अत्याधुनिक हैं, संगीन और सुष्ठु,
          वैज्ञानिक अनुभूतियों की निर्मम पराकाष्ठा पर

ओ संजय! ओ संजय! !
ओ हमारे आने वाले वैशम्पायन! ! !

[1965

तीन तरफ़ों का सपाट...कोना

तीन तरफ़ों का सपाट
(छत और दीवारों का) कोना

तीन कोण

तीन तस्वीरों को मिलाते हुए
मिला कर बनाते हुए
एक तस्वीर

सिर्फ़
भाव-कल्पना में
हिलती

जैसे
दो फैले हुए डैने हों या
दो सींग चाहे बारहसिंघे के
छत के कोने पर साफ़ एक चोंच
या नथुने और दो आँखें
दोनों दीवारों को
दोनों कोणों से सीधे
पड़तालतीं

एक दीवार पर जो सीमेंट चूने की सीली
सियाह मटैली झाड़ियों का मैदान
ऊबड़-खाबड़ बन गया है
एक सोयी हुई चरागाह
या खोये हुए घोंसलों का
छिपा हुआ व्यूह है
मेरे प्यार और विचार और अध्ययन संसार से
बिलकुल मिलता-जुलता
मेरे घिरते बुढ़ापे के धुँधले तट पर।

इन याद के जानवरों पक्षियों को
डुबा देंगी शाम की दीवारें
उम्र के बढ़ते नाख़ून उन्हें
कहाँ टटोल पायेंगे
यह अशोक वाजपेयी नौजवान कवि
तुम्हारी उम्र दराज़ हो
देखो न वहाँ जल नहीं है
उसकी आभा है
उस दीवार पर
जहाँ पशु और पक्षी
ठिठक-से गये हैं
और मैं भी।

[1973

दो बातें

(अ)
कविताएँ :
एक ब्लैंक हैं
जिसमें
कवि तक नहीं
न कोई जूतों के निशान छूटे हुए
न चाय के धब्बे घरेलू
न पुरानी साड़ी के चीकट कर्टेन

सफ़ाचट
सूना मैदान है
एक अक्षर भी तो नहीं
घास के तिनके का

सब खा गये सब खा गये सब खा गये
वे लोग!

(ब)
ओ मध्य वर्ग,
तू क्यों क्यों कैसे लुट गया
दसों दिशाओं की भी दसों दिशाओं की भी...
दसों दि...शा...ओं

में
तू कहाँ है कहीं भी तो नहीं
इतिहास में भी तू
असहनीय रूप से दयनीय
असहनीय
न-कुछ न-कुछ न-कुछ...
मैं
उसी का छाया हुआ
अँधेरा हूँ
शताब्दी के
अन्त में। छटता हुआ।

[1973

अति उपेक्षा-भार

अति उपेक्षा-भार...दबी पलकें—
नींद में गिरता गया जब से
कि
वह
आया।

सभी एकाकी
तुम
कि वह, कि मैं।

किन्तु सम्भवतः
प्राण मेरे
अधिक एकाकी—
तम।

कला
मेरी हार।

कब उठूँगा मैं
(नींद का युग-भार
वहन किये) ?

[1941

मॉडल और आर्टिस्ट

[चित्रकार कवि ग़ुलाम रसूल सन्तोष को समर्पित]

वह आयी और मुझ से कहा कि मुझे कला में बाँधो।
ये हैं मेरे वक्ष—गोल से गोल; कहीं देखे होंगे तो कहो, ऐसे
ये—ये ही बिम्बाधर
जल रहे हैं जहाँ अंगारे,
यह कटि-प्रदेश
जंघाएँ, कि गोरे पारद के दो
दरिया; ये केश
कि रात के जादू का प्रवेश...यहीं होता है—
और देखते हो, इन आँखों में
तुम्हारी कला की अन्तिम तड़प
की निर्मम जाँच,
तुम्हारे व्यक्तित्व की कठोरतम चमचमाती परख,
इन पुतलियों में
संगीत है
उसे बजा देखो तो ज़रा-सा छेड़ देखो तो...

यहीं द्वन्द्व मेरी भी आदिम स्वयम्भूत कला का
तुम्हारी तटस्थ कलाशक्ति
से होता है : मैं धन्वा पर टंकार
साधे हुए हूँ
तुम्हारे मर्म की ओर। बचाओ तो सही

अपने शब्दों की ढाल पर
अपनी अमरता
कला की!
तो लो, मैं फलक,
नाद का एक सम प्रवाह,
रंगों की एक सजीव भूमि,
पाषाण की एक नस,
शब्द की रंजना,
कवि के मन की भृकुटि,
नभ की तूलिका का
एक काँपता ठहरा-सा स्वीप,
एक चरण चाप में
मूल सम
जहाँ मेरे औ' तुम्हारे अन्तरत्व का उद्गम है;
जहाँ उपलब्धि
परे है शरीर के,
अक्षर और व्यंजना के
और फिर भी उन में है,
है।

मुझे लो
और व्यक्त करो जो भी तुम
देखते-समझते हो
अपनी युग-आयु का, मेरे दर्प के इंगित और दर्पण में
मेरे रक्त के मधुर आलाप में जो
हँसता है तुम्हारी शक्तियों पर;
लो मुझे
और सँभालो अपनी प्रतिभा,
खोओ अपने एक जन्म के तप को
और पार करो मेरा सतरंगी तम,
मेरा अर्थावरण, मेरा नारी-रूप जिस में
तुम एक बूँद, उस परिधि की

जहाँ प्रयास, प्रयास, केवल प्रयास, प्रयास,
कला प्रयास, प्रयास
केवल प्रयास प्रयास प्रयास है...
माँ भगिनि बन्धु कन्या
प्रकृति नियम-रेखा
एक विचार की मूर्त्ति
प्रतिपल बदलती हुई
मेरी धुरी
जहाँ तूली कलम स्वर ताल
केवल
भाव मेरे जीवन का
—तुम नहीं जहाँ—
केवल मेरी सत्ता
वही दर्पण
जहाँ तुम
खोजतीं निज को :

देखा?
देखा?

अब उठ जाओ—

देखा न,
अब उठो,
जाओ!

यह हो तुम

शब्द नहीं, न रूप
आकार, न चाप, न अर्थ :
वह सत्ता
जो होने-होने को हो मेरे अन्दर,

वही तुम
वही तुम :
समझीं ?

वही तुम :
कहाँ शरीर त्वचा केश
अधर वक्ष जंघा—
ये केवल आवरण सघनतम
रूपार्थ के आवरण
केवल मेरे
छन्द केवल
तुम्हारे जिसे तुम
बोल न दे सकीं !
वह—वहाँ
तुम हो—
समझीं ?

हूँ।

बस,
उठो,
जाओ !
लो पोर्ट्रेट—
हो चुका तुम्हारा सौदा !
उठो जाओ !

कैनवस को मेरे
इन्तज़ार है और, अब एक और, दूसरे
उच्चतर स्तर का
सम्भव यदि
इस पल।

सँभल कर उठो और लो
यह फ्रेम :
इसी के बीच से
तुम
जाओ!
प्रणाम।

प्रणाम।

[1958

पथरीली घास-भरी इस पहाड़ी की ढाल पर

पथरीली घास-भरी इस पहाड़ी के ढाल पर, टॉप्सी और मैं।
बग़ल में सचेत बैठी स्पैनियल की तेज़-तेज़ साँस।
एक अनमना-सा आधा स्केच;
धूप में चमकती, मेरी गोद में एक सफ़ेद कॉपी खुली।
हिलते-चमकते बहुत-हरे छोटे-बड़े पेड़ मेरे चारों ओर खड़े।
धूप से उज्ज्वल—नीले आकाश में, धुले आकाश में उज्ज्वल,
वर्षा के बादल।
मानो रुई की बिखरी-बिखरी छोटी-बड़ी पूनियाँ।
कभी-कभी धीमी-धीमी साफ़ मधुर हवा की गूँज-
ढाक के वन के ढाल के हलके, धीमे चड़मड़ चड़मड़-मर्मर के पीछे का
बैकग्राउंड—एक स्टेशन।

इंजन की ज्झाँयँ-ज्झाँयँ! ग्घर्रर! ग्घर्रर : लम्बी स्स्सींई
—नहीं तो यहाँ केवल हवा के मधुर हलके स्वर ही थे।

...कोमल-मोटी-एक-दो बार पतली—सीटी। शंटिंग
इंजन—

हवाओं की मिली-जुली कानाफूसियाँ। सजग टॉप्सी।

नीचे वह दूर एक बड़ा, धूमिल-हरा झिलमिल उद्यान-सा,
और अनगिनती छतों से कहीं-कहीं चमकता
हुआ, शहर जबलपुर।

उसके हरियाले लांज़, बीच-बीच में हरियाले कंपाउंड्स।
और नीचे हमारे पास ही खुदाई के लाल-काले कँकरीले ढेर।
...एक शोर-सा—वह कौन चिड़िया बोली?
फिर? फिर?

पास का वह काँच-घर। कहीं बच्चों का भी कुछ द्वंद्व-सा।
सर पर लाल मिट्टी के बोझ उठाये हुए मजूरनियों की टोलियाँ।
किसी स्टीम देते हुए इंजन की एक धीरे-धीरे पास आती
साँस—

तेज़; फिर एकाएक बन्द : मगर नहीं—
अचानक एक लम्बी सीटी।
धूप का तेज़ तिरछा ढाल।

[1942

क्षीण नीले बादलों में

क्षीण नीले बादलों में से
चन्द्रमा फणि-मणि सदृश
देखता है मौन संध्या मुख।

बादलों में दीर्घ पश्चिम का
आकाश
मलिनतन।

ढके पीले पाँव
जा रही रुग्णा संध्या।

समय का अहि शान्त गति है।

नील आभा विश्व की
हो रही प्रतिपल तमस।

विगत संध्या की
रह गयी है एक खिड़की खुली :
झाँकता है विगत किसका भाव।

बादलों के घने नीले केश
चपलतम आभूषणों से भरे
लहरते हैं वायु संग सब ओर।

[1942

गीत गाये गये

गीत गाये गये
        पत्तियों से मुक्त पतझर में :
पत्रमाल
        यातनाओं के।
वेदना के गीत :
एक सुन्दरता गयी खोई कहीं।

जानते हैं सब,
        आह, ख़ूब
कभी टूटेगा—यह सितारा भी
        गीत का झपता
        टिमटिमाता, डूबता, झपता
        यह सितारा भी।

[1943

त्रिलोचन को

आज
सत्ता का शैथिल्य, सर्वहारा की सत्ता
अपर मूल्यों का दिग्दर्शन संघर्षों में
अपने और तुम्हारे संघर्षों में
आज, त्रिलोचन!

आओ, मिलकर हम-तुम वो ही स्थान बसायें
जहाँ नहीं कोई रहने पाता है
आज
मुक्त कर्म का स्थान।

हम-तुम बन जायें वह मौन
जिसका अंतर कर्म-राग है।
हम-तुम पास रहें जैसे दो चरण
एक रास्ते पर गतिशील।
मिल कर,
मौन, उठायें चित्र
सबल;
कर्म-समर्पण का दुर्जेय
स्वप्न
जगायें
गीत में नया हर्ष।

हमें सजग सम्बद्ध परिश्रमशील
रहना होगा
एक ध्येय की धार प्रखर कर
धीर सजग, सम्बद्ध, परिश्रमशील
बढ़ते जाना होगा।
कठिन मौन में बाँध समय-परिपूर्णता
प्रति क्षण की परिपूर्णता
सम्बोधन करना होगा अपने को
उस जन में

बुद्‌बुद् जिसका जीवन;
कठिन कराह हृदय;
धूल भ्रमित मस्तिष्क;
चिन्ता दैनिक अर्जन;
आशा आगत भार;

किन्तु भविष्य जिसका
अपना कर्म कठिनतम
अपना स्वप्न मधुरतम
अपना धैर्य अतुल,

जिसका राग
अपना जीवन
अपना मरण
अपना सब कुछ आज।

[1941

अकाल

भूख
  अनाज
मुनाफ़ाख़ोर
अनाजचोर का

बिलकुल छिपा-सा, निर्जन में,
  अँधेरा बाज़ार :

जिसके चारों ओर गवरमेंट
कँकरीले रुपै लिये दान-समितियाँ
और भूखी लाशों से दूर,
सूने-सूने-से खिचड़ी-रसोइयोंवाले,
हम-तुम, वे, सब
इस मौन तांडव के चारों ओर
असहाय-से चक्कर लगा रहे हैं,
समझ पा नहीं रहे हैं,
कुछ सोच सक नहीं रहे हैं,
केवल कुछ कर पा रहे हैं ऐसे
कि मानों कुछ कर पा नहीं रहे हैं।

मृत्यु का यह नया रूप है स्पष्ट
  हमारे जीवन के बीच

लय-ध्वनि स्वर-संकेत और संज्ञा से हीन
अभूतपूर्व।

भारत के वीर हम
दुश्मन के सीने में
विजय का निश्चित भी तीर हम;
भूखी लाशों की दीवार के रक्षक;
खुली-खुली खोखली आँखों के द्वार पर प्रहरी;
धोबी की रस्सियों पर लटकी
सूखती चोलियों के-से स्तनों की
लाज रखने वाले हम;
तेल की दुकान पर बँधी-लटकी
झिल्ली की कुप्पियों के-से
रुंड-मुंड छोटे-छोटे
असंख्य बाल-समूहों के पोषक हम;

उन्नतमस्तक भारतवासी,
अपने ही दीर्घ निर्घोषों से मानों
मारवाड़ का मरुवातावरण कंपित कर देंगे हम :
आप मरना सीख रहे हैं
इस मूक शान्त युद्ध में,
अपनी शत्रु-भय-विहीन सड़कों और गलियों में—
जहाँ कुत्तों का जीवन भी दीर्घतर लगता है,
स्पृहणीय; केवल
अपना ही दयनीय।

क्यों जन्मा था मनुष्य
बीसवीं सदी के मध्याह्न में
यों मरने के लिए?—
झुलसा-सा पतझड़ का पत्र
चिथड़ों का बादल-सा
धूमिल संध्याओं में,

हवा का निरीह कंप केवल!

वीर बलिदान की सदी है यह!
हमीं उठेंगे क्या?
वीर बलिदान की सदी है यह—
नानाविध पूर्ण शक्तिशाली
समृद्ध!
स्वर्ण-इतिहासों के स्रष्टा
हमीं बनेंगे क्या?
अखिल उत्पादन के अमर अधिकारी
विश्व-राष्ट्रों के संग साभिमान
हमीं बढ़ेंगे क्या?

[1943

संकीर्तन की बढ़ती हुई भावना-रिक्त प्रथा प

संक्रामक संकीर्तन
ख़ाली राम-नाम के सम स्वर
हिन्दू जीवन में भर झन्-झन्
अन्तर करता निर्धन।

दुःसंकृति के तारण
जिन मंत्रों के गुरु उच्चारण,
हारण कर्म-विषम-तम के जो—
लुप्त अन्धकार में सब; 'गुण
भारत के अब गुप्त';
काल यह हिन्दू को यम।

वेद अब संघ समाज
केवल; कर्म-भेद ही धर्म;
जातियाँ अन्य अधम।

हाँ, 'जीवनी शक्ति'-रस द्वारा
मानव का उर-मांसाहार
उत्तम औ' अनिषिद्ध।

हिन्दू हैं देवता या असुर :
दान के

मृगजल—सब छल—
मानव मान के भरे केवल
हैं अभिमान-कन।
क्षार क्यों न हो जाय
अकल 'हिन्दुत्व' वह

आज नाम को राम भजकर
पूजता
जो
अपना ही कलंक-तन।

[1940

काट एक शब्द, पंक्ति सुधारी

काट एक शब्द
पंक्ति सुधारी,
सुलय उठा
अर्थ बिसारा।

लोक-स्वप्न बन
खोया मन।
खोया मन व्यर्थ
आज।

आज के लिए
बिगड़ा कल भी,
खोया मन भी
तुम भी।

पा न सकूँगा
वह दिन का मान
जिसमें ढलता
बना स्वर्ण प्राण।

[194

एक नया गान उठा

एक नया गान
उठा,
बजा नयी बीन।

उठें
स्वर के पाखी,
लय के सरसी
जगें

एक मोह–मान
बनता जीवन
हरता सम्मान
प्राण।

नींद का समाज
जुड़ता–जुड़ता
जड़ता बन आज
सान्त्वना का ले...
ब्याज।

मानस के तीर
सो जाता कवि।

[1941

सौन्दर्य

एक अन्धकार के चमकीले निर्झर में
तुम्हारे स्वर चमकते हैं :
        एक इन्तज़ार के झुरमुट में
वह फल है
        जिसका अन्तर एक तीखी पुकार है

उस आकाश में तुम्हारी गूँज
कि जैसे ख़ून बजता हो हवा में
कि जैसे मुक्त जीवन का प्रवाह बजता हो :
सौन्दर्य जो त्वचा में नहीं
थिरकते रक्त में नहीं
मस्तिष्क में नहीं
नहीं :

        कहीं इनके पार से
        बरसता है अणु-अणु पल-पल में
        बदन में, दृष्टि में——
        शब्द में : और उनके पार से
        कहीं शब्द के अर्थ में
        दुःख-सा——मौन-सा
        अपरिमित सुख की चेतना में
        मथता है
                मथता है।

ओ स्पर्श!
मुझे क्षमा करना
कि तुम मुझी में होकर मुझी से परे हो।
ओ माध्यम!
क्षमा करना
कि मैं तुम्हारे पार जाना चाहता रहा हूँ।

वह जो तुम्हारे हृदय में बज रहा है
मैं उस साज़ में एक चाँद
देखता हूँ :
उसको पकड़ना चाहता रहा हूँ :
मेरी अपनी इस चाह के अलावा मैं कुछ नहीं
कुछ नहीं!
तुम कि एक सितारे की झलक आँसू में :
उस आँसू की झलक में एक किरण
हूँ मैं
और कुछ नहीं!

वह न होता मेरा काश जो मेरे ही लिए
तुम्हें प्रिय है
मैं उसी के हित हूँ!

काश कि मैं न होऊँ
न होऊँ
तो कितना अधिक विस्तार
किसी पावन विशेष सौन्दर्य का
अवतरित हो!
पावन विशेष सौन्दर्य का!

[1959

शंख-पंख

बिजली के/ऑरोरा/शंख-पंख
झलझल कर/शृंग-माल
एक मौन/विस्मय से
उठे-उड़े

भूतल पर
नव-निधान से!

[1953

शंख पंख

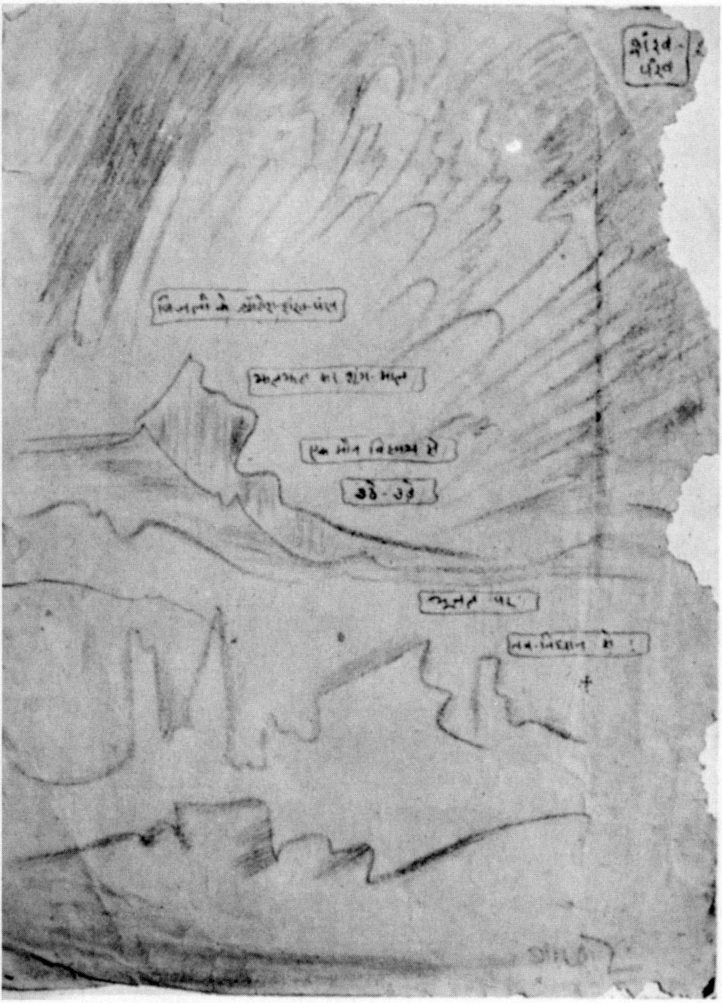

यह मन इस लोक में कहाँ थमता था ?
[रुबाई]

यह मन इस लोक में कहाँ थमता था ?
कल तक कवि आसमान में रमता था।
ऐसा युग पलटा, आज मैं पूछता हूँ—
क्या स्वर्ग ही लिये धूल की समता था ?

[1945

दो मोती कि दो चन्द्रमा होते

दो मोती
कि दो चन्द्रमा होते
दो दाने हैं
अंगारों के

हम हँसी नहीं लाये
कड़क लाये हैं
घनघोर मोहब्बत की
दिलों में कड़क लाये हैं

नफ़रत ने बहुत कस कर
दुल्हन को मसल डाला था
अन्तर में
दूल्हा के जो इक छाला था
दूल्हा के लिए दर्पन में
अंगारा था

आँखों में शराबें इतनी
जादू से भरी हुई अजब लहरीली
औ' तीखी थीं

कि प्यार के अंगारों में
फुंकारें थीं

वह प्यार न था
हृदयों का :
बाणों का नहीं
धनुषों का
गुथ जाना था
दो तारों का
एक-दूसरे के पार कसे तारों की
टंकारें थीं

वह प्यार न था
शायद
वह प्यार ही था।

(2)

मैं किसलिए यह मंज़र देख रहा हूँ?
दरिया का किनारा है। सन्नाटा है।

मैं किसलिए आँखों में लिये गंगा की
मैली लहरें, चुपचाप खड़ा हुआ,
तुझे ताकता हूँ, ओ ऐशो-मसर्रत की बुत!
ओ बालों में घनघोर घटाओं की रात!
ओ यूनानी नाटकों की ट्रैजेडी!
ओ काल का, इस हीनतम आधुनिकता का
ग़मो-ग़ुस्सा, ओ नारी!

एक लाली है कि ख़ामोश, सियाहीमायल—
आँसू का रुका हुआ व्यर्थ-सा
बाँध!

मैं क्यों यहाँ हूँ, इस एकान्ततम एकान्त
माहौल में? जहाँ वो ही है बस :
जहाँ मैं भी नहीं हूँ, कोई भी नहीं है :
बस वो ही है—
बस तू ही है।

(3)

बहुत ग़लत है तस्वीर इस तट की।
यह शान्ति एक हंगामा है, एक शोरे-क़यामत है,
कानों की ताक़त से परे है जिसकी आवाज़।
ये रंग जो मटमैले हैं, धारा के हैं
एक रूह की : जो अ ब दी है।

(4)

मैं यहाँ नहीं हूँ। मैं दूर बहुत दूर जहाँ
गुम हूँ, वह केवल मेरा अपना ही, केवल
मेरा अपना ही अपनापन है।
और जो कुछ है सब धोखा है।

तू : यह धोखा बहुत ही ख़ूबसूरत है!
मैं : हाँ।
तू : यह किस क़दर रंगीन किस क़दर गहरी 'हाँ' है!
मैं : हाँ।
— : तुम ख़ुद किस क़दर प्यारे नफ़रत से भरे
धोखा हो।
— : मैं?
— : तुम! तुम!
— : आप भी शायद कुछ!
— : मैं भी बहुत कुछ, ख़ुद एक नफ़रत का
प्यार, एक नफ़रत की आँधी हूँ।
— : जिसमें एक तिनका मैं भी था।

— : हाँ।
— : हाँ, शायद।
— : कहाँ जाओगे? यह लहर है। यह मैं।
यह समन्दर...वह शव, कि हमारा है।
— : दोनों का है।
— : दोनों का है!!!
— : एक तिनका
— : जो रेंग रहा था
— : जो नाच रहा है
— : मेरी लहरों में
— : जो नाच रही हैं
— : तेरे संग-संग
— : ओ नफ़रत!
— : ओ प्यार!
ओ प्यार...की मौत...के सागर!
— : इन होंठों को मैं समझा
— : मेरे होंठ हैं।
— : ख़ून कि बिजली की नसों में हँसता है
— : मैं समझी कि वह तेरी मोहब्बत है।
— : हम इस तरह एक-दूसरे की गोद में दो बर्छियाँ हैं
— : दो बिजलियाँ हैं
— : ओ मौत, तू किस क़दर रंगीन है!
यह हुस्न कितना भयानक है
— : जितनी मैं,
— : जितना कि तेरे साथ मैं।
— : यह कौन निकाले हुए दाँत
— : हँस रहा है?!
... ...

मुर्दा : मैं।
तुम दो तलवारें, कि दो बड़े नश्तर, दो नोकें
क्यों भुक नहीं जाती हो
एक चीख़ में, इक साथ

एक–दूसरे की धड़कन में?

मैं तुमको लपेटे हुए हूँ
मटमैले झाग–सा।
तुम देख नहीं सकते मुझे। इतना झीना
हूँ मैं।
साँसों तक में
गिन लेता हूँ मैं
बीच के सारे
लघुतम लघुतम विराम।

(5)

तू : अम्बर!
मैं : मोना!
तू : आओ, हम–तुम बँध ही जायें!
मैं : आख़िरकार! आख़िरकार!
तू : इस दुनिया के सम्बन्धों में...।
मैं : जहाँ सुलगती झाग में हम दोनों
तू : बहुत ही नज़दीक सटाकर मानो
मैं : पिरोये हुए हैं
एक अजब आँच के धागे में।
तू : सदा के लिए!

(6)

वह अग्नि कि बिस्तर से उठी थी, आधी ही उठी थी,
फिर बुझ भी गयी।
उस अग्नि का स्वर हैं
हम सब जो प्यार करते हैं।
वह मधु की चट्टान जो तोड़ चुकी थी
कठिनतम हीरों का व्यंग्य, वह मधु की चट्टान

जब गलती है तब जन्म हुआ करता है मानव का
उन झागों से, जो खिल-खिल-खिल
सतरंगिनियाँ हैं
और
नाच रही हैं
झिलमिल-झिल...झिलमिल-झिल...!

तब मृत्यु जिया करती है
आनन्द नया ही बन कर
उत्सर्ग नया ही बन कर
इक देश
आत्मा का
आदेश नया ही बन कर!

हम हारे हैं
नफ़रत से भरे गिद्धों के
        पंखों में जो वावैला है
गंगा के किनारे जहाँ प्यार
        का अन्त है और मैला है
इक मौन कमल खिलता है
शायद शायद
इक मौन कमल खिलता है
और नयी लहरियों में लगातार
हँसता है।

[1958

ईश्वर अगर मैंने अरबी में प्रार्थना की

ईश्वर अगर मैंने अरबी में
        प्रार्थना की तू मुझसे
        नाराज़ हो जायगा?
अल्लमह यदि मैंने संस्कृत में
        संध्या कर ली तो तू
        मुझे दोज़ख़ में डालेगा?
लोग तो यही कहते घूम रहे हैं।
तू बता, ईश्वर!
तू ही समझा, मेरे अल्लाह!

बहुत-सी प्रार्थनाएँ हैं
मुझे बहुत-बहुत
मोहती हैं।
ऐसा क्यों नहीं है कि
एक ही प्रार्थना मैं
दिल से क़ुबूल कर लूँ
और अन्य प्रार्थनाओं को
करने पर प्रायश्चित्त
करने का संकल्प करूँ!
क्योंकि तब मैं अधिक
धार्मिक अपने को महसूस
करूँगा, इसमें कोई सन्देह

नहीं है।
सब यही कहते हैं
(मुख से नहीं...उससे
भी अधिक उच्च घोषणा में
जो कि उनके कर्मों में
प्रसारित होती है।)
मैं चाहता हूँ उनके प्रचार
प्रसार से अभिभूत होना
क्योंकि अन्यथा मैं अपने को
अति ही अति ही
अति ही प्राचीन और
दक़ियानूसी महसूस करता
हूँ मानो मैं धर्म
और ईश्वर का
प्रारम्भिक अर्थ नहीं
जानता।

हे मेरे ईश्वर, हे मेरे
अल्ला, मुझे
क्षमा करना! अफ़्व!
अफ़्व!

तुम दोनों ही मिल कर
मेरा अन्त कर दो
बेहतर है। वह
शान्ति जो आज
न होने में है—

'न होता मैं तो क्या होता...!
न था मैं तो ख़ुदा था
कुछ न होता तो ख़ुदा होता!
डुबोया मुझको होने ने
न होता मैं तो क्या होता!'

×   ×

×   ×

आज वो नहीं है जो सुना
        और कंठस्थ किया जाता है!
छपे काव्य में।   लिपि सम्बन्धी
   दंगे
       संस्कृति
            बनने लगते हैं
जिसका शोध मेरे लिए दुरूहतम
            साहित्य है
   जन्म भर की आस्था के
            बावजूद।

यह कविता नहीं मात्र
        मेरी डायरी है
(अपनी मौलिक स्थिति में
        छपाने की चीज़ नहीं
अपने से बातचीत है मात्र...
अपने मन के होंठों के स्वर
मन के कानों के लिए
अपने   केवल मात्र...)

मनीषियो   आलिमो
   आचार्यो   प्राचार्यो
अपना गहन अमूल्य समय
      इन पंक्तियों को न देना यदि भूले से
      इन्हें पढ़ने लगे हो
यहीं से इन्हें छोड़ देना।

...तो मैं कह रहा था

[1969

चुका भी हूँ मैं नहीं!

चुका भी हूँ मैं नहीं
कहाँ किया मैंने प्रेम
अभी ।

जब करूँगा प्रेम
पिघल उठेंगे
युगों के भूधर
उफन उठेंगे
सात सागर ।
किन्तु मैं हूँ मौन आज
कहाँ साजे मैंने साज
अभी ।

सरल से भी गूढ़, गूढ़तर
तत्त्व निकलेंगे
अमित विषमय
जब मथेगा प्रेम सागर
हृदय।

निकटतम सबकी
अपर शौर्यों की
तुम
तब बनोगी एक
गहन मायामय
प्राप्त सुख

तुम बनोगी तब
प्राप्य जय!

[1941

परिशिष्ट

('पूर्वग्रह', मई–जून, '77 में छपी 'शमशेर की डायरी' से कुछ अंश)

कुछ ज़रूरी नोट्स

अजब नहीं कि डायरी के ये अंश दिलचस्प और **उपयोगी** पाये जायें। इसलिए भी इनको दिया जा रहा है कि ये कविताओं के 'डिफ़ेंस' में नहीं हैं : यानी किसी भी पक्ष से उनकी वकालत नहीं करते। ये केवल इस काव्य-संग्रह के पहले संस्करण पर पहली प्रतिक्रियास्वरूप लिखे गये थे। ज़रूरी नहीं कि ये प्रतिक्रियाएँ अन्तिम हों, और ग्राह्य ही मानी जायें।

× × ×

हाँ, यह कह सकते हैं कि शायद मेरी सभी प्रकार की कविताएँ या 'प्रयोग' यहाँ अच्छे-ख़ासे नमूनों में एकत्र हैं : पुराने–नये, लगभग सब नमूने।

इनके क्रम में भी कोई बात होगी सम्भवत; ग़ौर से देखा जाये, यदि।

शायद यह आभासित हो, कुल मिलाकर, कि शमशेर एक 'एक्लैक्टिक' शैली का कवि है। सभी शैलियों ने उसे मोहा है—सभी में रमने की कोशिश उसने की है।

स्वयं **मेरी** अपनी निजी पसन्द की कुछ ऐसी कविताएँ यहाँ संकलित हो गयी हैं जो मेरी नितान्त वैयक्तिक–सी चीज़ें थीं, प्रकाश्य नहीं। कोई 'सीक्रेट' उनमें नहीं। सिर्फ़ यह कि उनका 'ज़ायक़ा' मैं ही कभी–कभार लेता रहा हूँ, यह समझकर कि औरों के लिए, काव्य-प्रेमियों के लिए भी, वे 'गौण' या 'सरसरी' क़िस्म की ही होंगी; शायद। बल्कि मुझे यक़ीन था कि ऐसा ही है।

इन ऐसी कविताओं में, मसलन, दूसरी ही कविता, **यादें : एक गीत**— 'कौन विहान/बीते जन्म के/आज की संध्या में गतिमान?'' है। ('बीते जन्म' मतलब 'किसी बीते दौर'।) एक पुराने और एक नये जाने-माने कवि ने ्क-साथ पूछा कि यह कविता 'गीत' कैसे है? मैंने अपने तौर पर गाकर ‌सकी लय का अन्दाज़ दिया तो मान गये। दरअसल दीर्घ स्वरों की बहुलता ाम्बे अन्तरे के लिए काफ़ी सुविधा और लोच पैदा कर देती है।

या, **सूर्य-अपोलो-स्तुति**। मेरी अपनी एक ख़ास कविता। **बिलकुल** मेरी ‌पनी। क्लासिक, धार्मिक, दार्शनिक। काव्य-सृजन की निजी समस्या और ‌सकी उपलब्धि के प्रश्न से युक्त। इसके शिल्प, इसके स्टैंज़ा की बन्दिश, ‌क-विधान; प्रत्येक बन्द का आरम्भ और उसका अन्तरिम अवसान...सब में, ‌ो कुछ मैं चाहता हूँ वह है (मेरे निकट, है।)।

या **कथा-मूल** (पृष्ठ 59)। ख़ैर, यह तो शायद और बहुतों को भी अच्छी ‌ग सकती है।

× × ×

मगर, **शान्ति के ही लिए** (पृष्ठ 64) पर मुझे ख़ास गर्व रहा है। इतना ‌पाट, सीधा, मार्मिक, अलंकार-वस्त्रों से एकदम मुक्त : बात जो है बस वह। ‌ह एक अनुवाद है। एक लम्बी कविता का आरम्भिक अंश। **बड़ी** मेहनत से ‌केया गया। कितना यूनिवर्सल है यह! एक सार्वभौम, सहज ही सार्वभौम ‌ावना। ली तिएन मिन की और किसी रचना का मुझे ज्ञान नहीं। कैसी होंगी ‌सकी कविताएँ सामान्यतया, जानने की उत्सुकता ज़रूर है।

इसीलिए मुझे ख़ोर्खे गुइयेन, कूबायी कवि, लातीनी-हस्पानी कवि, अक्सर ‌ाद आ जाता है। कम कविताएँ मैंने उसकी पढ़ी हैं। मगर उतनी ही काफ़ी हैं...

× × ×

इसमें एक कविता विवाद का कारण बनेगी, निश्चय ही। **सत्यमेव जयते** ‌ीन-भारत युद्ध के आरम्भ में ही लिखी गई थी। आज की पीढ़ी के लिए, उस ‌शॉक्' का—एकाएक जो धक्का प्रत्येक सामान्य भारतीय नागरिक के भावुक ‌न को लगा, उसकी कल्पना कर पाना बहुत ही कठिन है। हम लोगों के लिए ‌ीन से मैत्री की स्थिति एक महान जीवन्त काव्य के समान थी।

एकाएक उस प्रेरणाप्रद मैत्री की स्वप्निल-सी भावना को करारी ठोकर ‌गी। तथ्य इसी प्रकार सामने आये। सभी हिन्दी, बल्कि पूरे भारत के साहित्यिक, ‌कवि और कलाकार उस मैत्री की गहरी भाव-धारा में डूबे हुए थे; और हम ‌बों को माओ और चाऊ-एन-लाई पर पूरा-पूरा भरोसा था। और मैं ग़लतफ़हमी

में था कि हम दोनों देशों ने एक-दूसरे का हाथ जो पकड़ा है वह कभी छोड़ें नहीं। इसका खुला और स्पष्ट इशारा मेरी 'चीन' शीर्षक कविता में भी है जो मेरे पहले संग्रह के लगभग अन्त में शामिल है।

सत्यमेव जयते को मैं आज बहुत-कुछ काटना-छाँटना चाहूँगा। मुमकिन है कि मैं उसके आरम्भ का ही भाग रहने दूँ। मगर **यह कविता एक क्षण-विशेष का स्वाभाविक-सा विस्फोट** है। अगर आप ग़ौर से इस कविता के अन्दर तारों को पकड़ेंगे तो मुझे विश्वास है कि आप देखेंगे कि यह कविता उस घोर **पीड़ा** से उपजी है **जो एक बहुत प्यारे दोस्त से अचानक आघात पाने पर पैदा होती है।**

इस कविता में अपनी पुरानी संस्कृति और इतिहास के उन स्थायी मूल्यों को याद किया गया है जिनका चीन की संस्कृति ने भी वरण किया है। बेशक इस कविता में कुछ अनावश्यक गर्वोक्तियाँ आ गयी हैं। पर सब जानते हैं कि युद्ध की पृष्ठभूमि में लिखी जाने वाली कविताओं में गर्वोक्ति का आना एक सहज प्रक्रिया है। फिर इस कविता में यह साफ़-साफ़ आशा व्यक्त की गयी है कि भविष्य में भारत और चीन को मिलकर चलना होगा। क्योंकि यही सभ्यता और संस्कृति और सामान्य व्यवहार की स्वस्थ नीति है।

शिल्प की दृष्टि से इसमें र्‌हेटरिक का समावेश आवश्यकता से **शायद** कुछ अधिक हो गया है। मैंने फ़िलहाल अपने सारे दोषों सहित इसको लगभग ज्यों-का-त्यों रहने दिया है। कविता को उस तरह नहीं रिवाइज़ किया जा सकता, जैसे किसी निबन्ध या स्पीच को। यह कहने की ज़रूरत बिलकुल नहीं है कि अगर आज मैं इस कविता को लिखता (जो सम्भव ही कैसे है!) तो बाद में स्पष्ट होने वाले तथ्यों की रोशनी में इसका स्वरूप दूसरा होता और यह निश्चय ही अधिक सन्तुलित होती।[1]

र्‌हेटरिक का मैं कायल नहीं हूँ, बल्कि सामान्यतः उसका विरोधी हूँ, ताहम यह मानता हूँ कि बाज़ क़िस्म की कविताओं में र्‌हेटरिक उनका सहज अंग हो उठता है; शर्त केवल यही है कि र्‌हेटरिक आरोपित क़तई न हो; कविता की भाव-भूमि में उसकी आन्तरिक माँग मौजूद हो। भाषण, प्रवचन, प्रबोधन, वक्तृता का र्‌हेटरिक रचनात्मक स्तर पर उठकर अभिव्यक्ति में अनुभूति के किसी पक्ष को रेखांकित करने का ही काम करता है।

1. अब यह दूसरा 'फ़ाइनल' रूप ही पुस्तक में जा रहा है। पहले संस्करण वाला रूप मैंने 'रद्द नहीं किया है'। अपनी जगह पर वह, मेरे नज़दीक, पूर्ण ही है। केवल यह है कि फ़ाइनल रूप ही शायद 'क्लासिकल' दृष्टि से 'अधिक संतोषजनक' है।

× × ×

शायद मैं स्वयं करता तो यह चयन और कड़ाई से करता; यानी कई कविताएँ—जो मेरे नज़दीक कुछ शिथिल-सी हैं—मैं न रखता। उससे एक ुक़सान ज़रूर होता। वह यह कि मेरी रचना का अपेक्षाकृत शिथिल पक्ष पाठक के सामने न आ पाता। मसलन **अरबी में प्रार्थना** वाली कविता (पृ. 108) मेरे नेकट अपूर्ण है, या कहीं खंडित हो गयी है।[1]

अति उपेक्षा-भार को मैं उस सीरीज़ के अन्त में देता जिसका दरअसल ाह एक अंग है।[2]

शंख-पंख उस चित्र के सहित दी जाती जिसका वह अंग है, तो अच्छा ा। एक तो समय पर वह सचित्र प्रारूप मुझे मिला नहीं। दूसरे मैंने फ़िलहाल ाब्दों को ही कसौटी बनने दिया। (देखिए सम्बन्धित चित्र)

किरण-रेखा तिलक (पृ. 37) पर भी यही बात लागू होती है।

रुबाई (पृ. 101) भी मुझे स्वयं कभी छपाने योग्य नहीं लगी थी।

गीत गाये गये (पृ. 88) पर भी मेरा ध्यान नहीं गया था कि कभी इसे ्रकाशित कराऊँ। ताहम यह कविता शायद एक कमज़ोर कविता नहीं है जैसा के मैं समझता था।

शायद कई अन्य कविताओं को, शैलियों के वैभिन्न्य को उदाहृत करने के लए, दिया गया; गो वे मेरे अपने ख़ास सुपरिचित रंग और शैली में भी हैं।

× × ×

किताब की छपाई-सफ़ाई से मैं निराश ज़रूर हुआ था। लेकिन अब ाख़िरकार इस पर संतोष कर लेता हूँ।

(28-3-77) इसमें जो भूलें और ग़लतियाँ हैं उसके लिए कम्पोज़ीटर ौर कवि दोनों आधे-आधे से ज़्यादा (!) ज़िम्मेदार हैं।

(तारीख़ नहीं पड़ी है। पर, उपर्युक्त डायरी-अंश के आसपास ही यह ी लिखा गया :)

किताब खोलने पर आमने-सामने के पृष्ठ दोनों मिलकर एक इकाई का ्प रखते हैं। उनमें जो मैटर हो उसे एक इकाई के दो हिस्सों में विभाजित ामझकर कम्पोज़ होना चाहिए... ('कम्पोज़' लगभग पेंटिंग के अर्थ में)।

× × ×

कुछ आलोचकों को वह ऐसी नहीं लगी है। मुझको भी, 'अब', वह अपूर्ण नहीं लगती।

मुझे उम्मीद है कि यह, अपनी सीरीज़ में, आगामी प्रकाश्य संग्रह में सम्मिलित होगा। यह सीरीज़ सन् '41 में लिखी गयी।

सचमुच एक विराग की-सी मनःस्थिति में (अजब अन्यमनस्कता के साथ, जैसे मजबूरन) इस संग्रह के अन्तिम प्रूफ़ देखे गये...यानी मेरे द्वारा; ध्या केवल 'शब्दों' पर केन्द्रित रहा, 'कविताओं' पर नहीं। यहाँ तक कि ए कविता के दो ड्राफ़्ट जाने दिये गये, अपनी इस बेख़याली की वजह से। **सूर्यास** (पृ. 33) और **प्रभात** (पृ. 70)।

(मगर) यह कविता भी ख़ूब निकली। इसके दो भिन्न रूप जब-तब, लम्बे लम्बे अन्तराल पर, संशोधित-परिवर्द्धित-सम्पादित होते रहे, आराम से, धीरे धीरे। जल्दी क्या थी, और क्यों होती? कविता का एक रूप तो फ़ाइनल होक कहीं छप भी गया, और फिर मैं उसे लगभग भूल भी गया। दूसरा रूप ही अक्स सामने आता रहा; और उसे फ़ाइनल रूप देने-देने में मुझे बड़ी उलझन होती रही इसी उधेड़बुन में अन्ततः उसने भी अपना एक रूप ले लिया। इसमें एक गड़ब इसलिए भी पैदा होती रही कि कुछ...एक-दो शब्द...शुरू के ड्राफ़्ट में ऐसी घसी में लिख दिये गये थे कि मैं उन्हें फिर ठीक-ठीक पढ़ ही नहीं सका, न वह अस शब्द याद आये। उनको परिवर्तित करने में भाव-क्षेत्र एक नयी ही दिशा लेक फलने-फूलने लगता। मैं कविता के मूलभाव से उसकी संगति टटोलता हुअ बार-बार उसका संशोधन करता। मगर अजब बात यह कि 'मूल कविता' पूर्वोल्लिखित दूसरे 'फ़ाइनल' ड्राफ़्ट का मुझे कभी ध्यान न आता : आता तो यही समझ लेता, कि वह तो गया—खो गया, शायद छप भी गया था, जा कहाँ छपा था, तो अब उसकी चिन्ता क्या करनी? जो सामने है, (एक नवी रचना-प्रक्रिया) अब उसी को लेकर किसी ठिकाने पहुँचाऊँ। अनुभूति की किंचि महत्त्वपूर्ण-सी, अपनी निजी, एक कोर तो उसमें निहित थी; इसीलिए रचना श्रम करना अच्छा भी लगता था; मगर कुछ बिखरे हुए सिरे एक जगह होक सिमटने में नहीं आते थे। ख़ैर।

बिलकुल इधर आकर—कोई 3-4 महीने हुए—वह छपी हुई प्रति मु श्री दिनेशचन्द्र शर्मा द्वारा उपलब्ध हो गयी। और शायद उनके बाद डॉ. नरेन्द्र वशिष्ठ द्वारा भी।

कविताओं की पांडुलिपियों का ढेर जगत्‌जी को देते समय दोनों ही ड्रा उस ढेर में पहुँच गये। और न जाने कैसे, दोनों ही जगत्‌जी के चयन में शामि हो गये। मुझे बहुत धुँधला-सा ख़याल आ रहा है, अगर यह मेरी कल्पना न कि जगत्‌जी ने किसी कविता के बारे में कहा था कि 'चाहो तो इसे न (भी रखो', और वह **शायद** इन्हीं में से कोई एक थी, मुझे अब बिलकुल स्मर नहीं। अगर उनका संकेत इसी सन्दर्भ में था तो भी मैं ठीक से उस पर ध्य

न दे सका था, यह तय है। चूँकि पुस्तक को छापकर प्रकाशित करने में कुछ विशेष कारणों से, ताबड़तोड़ शीघ्रता दरकार थी...और मैं इस बारे में अन्यमनस्क (या कहिये तटस्थ) था...कविता अपने दोनों ही रूपों में, अलग-अलग दो कविताओं के समान, संग्रह में छप गयी, प्रकाशित हो गयी।

तथापि दोनों रूपों में—मूल आरम्भिक अनुभूति एक होते हुए भी—उनके भाव-परिवेश में महत्त्वपूर्ण अन्तर है।

पृष्ठ 70 पर **प्रभात** को लीजिये, जिसमें अभिव्यक्ति में एक सम्पूर्णता-सी है, 'मूड' पूरी तरह resolved है।

इसे शुरू से पढ़िये।

समय प्रभात का है। प्रभातकालीन सम्पूर्ण मानसिक जागरण की अभिव्यक्ति और आत्मिक चित्रण है। बालों में जो किरणें झिलमिलाती हैं, तो चेतना के कमल 'मधु चेतन कुमार/दल' उस झिलमिलाहट में डूबे हुए हैं, खोये हुए-से हैं।

ऐसे में सजग प्राणों की दशा यह है कि वह असंख्य दृष्टियों से भर गया है; और ये असंख्य दृग खुल-मुँदकर एक-दूसरे को पुलकित होकर देखे जा रहे हैं।

इस उदय-काल में 'रवि/कमल के नाल पर बैठा हुआ मानो/एक एड़ी पर टिकाये/मौन।' स्पष्ट है कि कवि (या कोई) इस ऐसे आसन से बैठा हुआ सूर्य के ध्यान दर्शन में मौनरूपेण लीन है। अन्तस् में सूर्यदेव का 'साक्षात्कार' इस उपक्रम का ध्येय है। काव्य भावना में उसी 'साक्षात्कार' का चित्रण है। रचना यहाँ (मैं समझता हूँ) सहज ही काव्यगत अभिव्यक्ति की पूर्णता को प्राप्त होती है।

अब दूसरी कविता को लीजिये, जो स्वतंत्र रूप से दूसरे ही सन्दर्भ-आधारों पर पल्लवित की गयी, और भावना में कुछ अधिक गुंजलक हो गयी। इसमें उद्दिष्ट अभिव्यक्ति को पूर्णतः सफल शायद नहीं कह सकते। ताहम देखिये।

शीर्षक है 'योग'। मैंने 'योगासन' भी शीर्षक रखा था, जो सम्भवतः अधिक उपयुक्त है। ('शीर्षासन' भी ध्यान में आया था, मगर ठीक नहीं लगा था।)

तथापि, इस कविता में आप देख जायें, भाव **सूर्योदय** का...नहीं है, बल्कि शीर्षासनगत अनुभूतियों का है : जिसमें सूर्य की स्थिति एक प्रकार से संध्या समय के सूर्य की-सी लगती है। क्योंकि यहाँ जब वह 'केश वन में झिलमिलाकर डूब जाता' तो वह 'स्वप्न-सा', 'निस्तेज', 'गत-चेतन' होता जा रहा है, तथापि उसके व्यक्तित्व में 'कुमार' अर्थात् अक्षुण्ण अखंड युवा का भाव है। वह 'निस्तेज गत चेतन' इसलिए हो गया है कि उसका 'तेज' और 'चेतना' 'योगी' अर्थात् साधक के 'केश वन' में 'डूब' गयी है, समा गयी है।

चौथी पंक्ति में 'तज' शब्द मुझे अब भी कुछ-कुछ परेशान-सा करता है। क्या यहाँ वास्तव में 'जल' होना चाहिए था?...नहीं कह सकता। द्वयार्थक 'सर' के साथ शीर्षासन-मुद्रा में 'तल' अनुपयुक्त तो नहीं ही होगा। साथ ही 'सर' के 'जल' में 'कमल' का खिलना—अर्थात् नव्य चेतनादलों का खिलना—भी अपना स्वाभाविक अर्थ रखता है। पर 'सर' एक बार आ चुकने पर 'जल' उसके भाव-रूप में कुछ विशिष्ट नया नहीं जोड़ता। अतः 'तल' ही—जो शीर्षासन की स्थिति को स्पष्ट करता है—अधिक समीचीन है। शीर्षासन में शरीर की स्थिति उलटी है, अतः कमल 'तल' में खिले हैं...गहराई में जो नव्य-चेतना विकसित हो रही है, उस ओर संकेत है। जागरण की इस चेतना ने 'साधक' या कवि को सराबोर कर दिया है।

जागरण की चेतना से मैं नहा उट्ठा।

इसके बाद स्पेस है।

अनुभूति नये स्टेज पर आती है। यह शीर्षासन के बाद की भाव-भूमि है। कवि जो साँस खींच रहा है गहरी साँस ले रहा है, उसमें हवा सजीव और दृष्टि-मय हो उठी है—मानो असंख्य दृगों से भरी हो; ये दृग एक-दूसरे को निरन्तर खुल-मुँदकर देखते जा रहे हैं... 'चल शीतल दृग/पुलक पल लिये...अपरम्पार'।

पहली कविता में यही 'हवा' 'प्राण' शब्द से द्योतित हुई है : जो कि एक 'सब्जेक्टिव' स्थिति है, एक प्रकार से। पर यहाँ, वही एक व्यापक परिवेश यानी 'हवा' के रूप में महसूस की गयी है। यों, ज़रा-सा ग़ौर कीजिये, तो यह 'प्राण' और 'वायु' (हवा) 'एक-दूसरे को' लिये हुए हैं। अनुभूति में वस्तुतः मूलतः—दोनों दो नहीं हैं। काव्यानुभूति में जो प्राण है उसी का रूपक (बल्कि तत्त्व) हवा है। वही जो एक व्यक्ति के शरीर में महसूस की जाती है, उसे सर्वव्याप्त रूप से महसूस करने का भाव है।

इसके बाद फिर स्पेस है।

यानी, और आगे की स्थिति...यों है कि एक एड़ी पर शरीर को सन्तुलित करके एकाग्र होकर 'कवि' स्थिर बैठा है। यहाँ उस काव्यभावगत 'शान्ति' की उपलब्धि है जिसे 'मौन' से इंगित किया गया है। संध्या-समय का मौन शान्त वातावरण भी इससे इंगित है।

इससे उपराम होने पर, कविता के 'परिशिष्ट' अंश में 'कवि' को, कमर को, हलके-से झटके देता, दायें-बायें घुमाता और मोड़ता है। और इसमें भी पूर्वोक्त भावोपलब्धि संचरित है। (मेरुदंड को पुष्ट करना, उसको लचीला बनाना, बनाये रखना आसनों का एक सामान्य प्रयोजन होता है।) 'कवि' को

ऐसा लगता है कि उसकी इस प्रकार योगासन से पुष्ट कमर 'घूमती लचती दिशाओं में/पताका-सी' है। कमर को दायें-बायें मोड़ने-तोड़ने में 'चट्-चटक' की हलकी आवाज़ भी कभी-कभी होती है। यही मानो स्वयं मेरुदंड का मंद उद्घोष है। चकित होकर 'कवि' पूछ उठता है—"क्या कहा? यह तू, क्या बोला?" वह बोली—कविता की अन्तिम दो पंक्तियाँ।

अलग-अलग पल्लवित होकर भी दोनों कविताएँ—एक ही अनुभूति से प्रारम्भ होकर—दो भाव-धाराओं में विभक्त हो उठीं। अनुभूति के परिवेश समान नहीं रह गये। उनमें कुछ-कुछ प्रभातकालीन सूर्योपासना और संध्याकालीन सूर्योपासना का अन्तर आ गया है।

मैं समझता हूँ कि सम्भवतः इसीलिए पहली 'रीडिंग' में ऐसा कुछ नहीं लगता कि हमने दोनों स्थानों पर एक ही कविता पढ़ी है; और जगत्‌जी ने इन दोनों कविताओं को रखा भी है काफ़ी एक-दूसरे से दूर। मैं चूँकि (साफ़ बता दूँ) एक कविता को पूर्ण कर चुकने के बाद उसमें अपनी सारी दिलचस्पी खो चुकता हूँ...प्रायः ही ऐसा होता आया है...बहुत ही थोड़े से अपवाद इसके हैं... अतः (आमतौर पर सामने या आगे की रचना में ही ध्यान केन्द्रित रहने के कारण) पहली रचना स्मृति से खो जाती है। (काग़ज़ों के ढेर में तो वह खो ही जाती है।) जिन रचनाओं को मैं खोजना चाहता भी हूँ वह प्रायः समय पर मुझे यकायक मिलतीं नहीं। और ऊबकर मैं यह प्रयास भी छोड़ देता हूँ। ख़ैर।

कुछ और नोट्स

एक नीला दरिया (पृ. 17)

मुझे लगा है कि मेरे कुछ गम्भीर पाठकों को भी यह कविता दुरूह जान पड़ी है। इसीलिए यह उपयोगी जान पड़ा कि इस कविता पर जो विशिष्ट विश्लेषण मेरे सामने आये हैं उनकी ओर संकेत कर दूँ। मेरी दृष्टि में सबसे महत्त्वपूर्ण है मनोवैज्ञानिक-शास्त्रीय दृष्टि से किया गया डॉ. जगदीश कुमार का सूक्ष्म अध्ययन। दूसरा, सौ. आशा मेहता के शोध-प्रबन्ध का वह हिस्सा है जो इस कविता से सम्बन्धित है। यह सुसम्बद्ध, तर्कपूर्ण, स्पष्ट शैली में लिखा गया इस कविता का सर्वप्रथम, नितान्त मौलिक, अध्ययन है। यह मूल्यांकन नहीं प्रस्तुत करता : केवल रचना-प्रबन्ध की कड़ियों को स्पष्ट करता है। मेरा ख़याल है कि यह आउट-लाइन कविता को समझने का काफ़ी सरल आधार बन सकती है—जो पाठक की अपनी भाव-ग्रहण शक्ति को सीमित या बाधित न करके उन्मुक्त करती है। इसीलिए, बहुत सोच-विचार करने के बाद मैं श्रीमती मेहता की अनुमति से इसको, इसकी तटस्थ-निष्पक्ष शैली और उपयोगिता की दृष्टि से, नोट्स में शामिल कर रहा हूँ। स्वयं मेरे बस का नहीं था, एक लम्बी व्याख्या प्रस्तुत करना।

सर्वप्रथम इसी अध्ययन से मैंने जाना कि कविता में आया शब्द 'विलयन-वादी' मेरी मौलिक उद्भावना नहीं है—जैसा कि मैं समझे बैठा था, बल्कि यह शब्द भी विजयदेव नारायण साही पहले ही प्रयोग कर चुके हैं। स्पष्ट है कि मैं उन्हीं के यहाँ कहीं पढ़कर उसे बिलकुल भूल चुका था, मगर मेरी अन्तश्चेतना में वह कहीं अटका रह गया था, जो कविता की रौ में ऊपर आ गया।

सूर्य-अपोलो स्तुति (पृ. 47)

इस कविता को अन्तिम रूप देने में जो समय लगा वह केवल प्रभावी विन्यास स्थिर करने में। समस्या शब्दों को बदलने की नहीं थी। केवल-मात्र

सम्बोधन शब्द 'ओ' ही बदला गया। पूरी कविता सन् '38 में ही जैसी है वैसी लिख ली गयी थी।

सीता (पृ. 66)

यह सीता का subconscious है जो बात कर रहा है। जागरण उस संघर्ष में है जो हमारा इन्तज़ार कर रहा है। पर्णकुटी में रहते हुए मृगया आदि ही नहीं...हमें मौत को हराना है। (यथार्थ में पहले इसका उलटा होता है—रावण सीता का हरण करता है; बाद में वह, काल-प्रतिनिधि, धराशायी होता है। राम की विजय होती है, सीता की मुक्ति।) राम और सीता हम सबके अन्दर हैं। हम सबको रावण से (मौत से) जूझना है, जड़ता को पार करना है, सोने की लंका पर अधिकार करना है; जो कि हमारी भविष्य-निधि है, जिस पर दैत्य का क़ब्ज़ा है। कर्मजयी का भविष्य ही स्वर्ग है। सीता के कारण उसकी खोज सम्भव होती है। (बहुत अधिक literal भाष्य करना ग़लत होगा।)

देवली जेल से एक पत्र पाकर (पृ. 67)

कविवर नरेन्द्र शर्मा का। सन् 1941 में वह राष्ट्रीय आन्दोलन के सिलसिले में देवली जेल में नज़रबन्द कर दिये गये थे। (उसी जेल में कम्युनिस्ट साथियों के अलावा राष्ट्रकवि मैथिलीशरण गुप्त भी थे।)

योग (पृ. 24) और **प्रभात** (पृ. 70)

(देखिये 'पूर्वग्रह' : डायरी-अंश)

मॉडल और आर्टिस्ट (पृ. 80)

प्रसिद्ध कश्मीरी चित्रकार एवं कवि श्री ग़ुलाम रसूल सन्तोष को समर्पित यह कविता उनकी कला या व्यक्तित्व से कोई सम्बन्ध नहीं रखती। मेरा उनसे परिचय होने (सन् '74 या 75) के बहुत पहले सन् '57 या 58 में लिखी गयी थी। साम्प्रदायिक दंगों पर उनकी एक मार्मिक कश्मीरी कविता का अनुवाद करने के सिलसिले में उनसे परिचय हुआ था। तांत्रिक भावभूमि पर सृजन करने वाले चित्रकारों में वह सम्भवत: सबसे अधिक सफल चित्रकार हैं। कविता में मुझे वह एक सिद्धहस्त और प्रभावकारी यथार्थवादी-मानवतावादी चित्रकार लगे। उनकी कविता के अनुवाद से मेरी अपनी भावभूमि कुछ-न-कुछ समृद्ध हुई। अपनी कृतज्ञता और आदर के टोकन स्वरूप ही प्रस्तुत रचना उन्हें समर्पित की गयी।

एक नीला दरिया बरस रहा

आशा मेहता[1]

कविता आत्माभिव्यक्ति है : अथवा अनुभूति की व्याख्या है या फिर कविता संवेदनशील मन की अभिव्यक्ति है। कविता के बारे में दिये गये सभी आत्म-परक तथ्य किस क़दर एक कविता को पढ़ने के पश्चात् स्पष्ट होते हैं, उनका सही जायज़ा 'एक नीला दरिया बरस रहा' पढ़ने के पश्चात् लिया जा सकता है। कवि शब्दों को कितना अधिक लाक्षणिक बना सकता है, यह पहचान 'एक नीला दरिया'...जैसी कविताओं के माध्यम से बख़ूबी की जा सकती है।

कविता की बिलकुल प्रथम पंक्ति में एक नीला दरिया के बरसने से ही इस लाक्षणिकता का बोध होता है। नीला दरिया की कल्पना कवि ने आकाश के लिए की है। नीला विशेषण का प्रयोग कवि को बेहद प्रिय है। ऐसा लगता है मानो पूरा आसमान बरस रहा है। हवा और पानी का मेल कवि अगली पंक्ति में करता है। हवा को चौड़ा कहना उसके विस्तार को बढ़ाना है अथवा कहें कि कवि हवा के फैलाव का संकेत देना चाह रहा है। इस बरसने की क्रिया में सब-कुछ मानो एक-सा हो गया है—कहीं कोई फ़र्क़ शेष नहीं रह गया है। इसके पश्चात् 'ऊबड़-खाबड़' शब्द का अगली पंक्ति में प्रयोग भी बोलचाल की भाषा को गतिमयता प्रदान करता है।

'मगर' योजक शब्द का प्रयोग कर कवि अपने को—हुए को—बदलना चाहता है। उसका रूप कुछ दूसरी तरह से स्पष्ट करना चाहता है। वह पूरे आब्जेक्टिव वातावरण को सब्जेक्टिव बना देना चाहता है और इसी पहलू में 'ऊबड़-खाबड़' उन टूटी-बिखरी मगर हृदय में व्याप्त यादों को देखने की

प्रवृत्ति है, जो कि अन्तर में दरिया और हवाओं के रूप में मौजूद है। पूरे बाह्य-वातावरण को अपने भीतर समेट लिया है, अथवा अन्तर की अवचेतन मन में पड़ी हुई कुछ यादें बाहर के इस वातावरण से फिर उभर आयी हैं। एक रोमान के द्वारा कवि—

एक रोमान
जो कहीं नहीं है मगर जो मैं
हूँ हूँ

रोमान वस्तुतः अंग्रेज़ी 'रोमांटिक' अथवा रोमांस शब्द का उद्‌भव रूप है। यह सारा परिवेश एक रोमांटिक वातावरण की सृष्टि भर है। वस्तुतः (प्राकृतिक) वातावरण का रोमांटिक बोध ख़ुद उस व्यक्ति को, कवि को, हो रहा है।— "जो कहीं नहीं है मगर जो मैं हूँ हूँ" भी उसी वातावरण को स्पष्ट कर रहा है कि वस्तुतः रोमान प्रकृति में नहीं है, उसी प्रतिक्रिया में है। 'हूँ' सहायक क्रिया के द्वारा कवि व्यक्ति के अस्तित्व को रेखांकित करने की कोशिश कर रहा है।

इसके पश्चात् कवि फिर से ऊबड़-खाबड़ का प्रयोग करता है और उसके साथ ही एक बार फिर लाक्षणिकता का सहारा लेता है—"आँख जो कि अँखुआ आयी हो", 'अँखुआना' वस्तुतः 'अंकुर' से बना है। 'आँख का अँखुआना' दिखाकर कवि यहाँ 'क्रियापरक विचलन' का प्रयोग कर रहा है। "बहुत ही क़रीब" के द्वारा कवि एक सौन्दर्य-बोध उत्पन्न करता है। आँख उभरने के निकट ही है बस उसके आसपास कहीं। इन सारी पंक्तियों में विशेष सौन्दर्य यह है कि याद का कहीं भी नाम नहीं लिया गया है लेकिन वह पूरे खंड में गूँज रही है, ध्वनित हो रही है।

इसके पश्चात् दूसरे खंड में कवि उसी रोमान को स्पष्ट करता हुआ आगे बढ़ता है जो कि एक बार फिर उपस्थित हो गया है इस पूरे वातावरण के तहत। उस रोमान का प्रभाव बिलकुल एक स्थिर खम्भे की तरह है। इस सम्पूर्ण वातावरण में वह फिर अपने सीधे और समग्र रूप में सामने आ खड़ा हुआ है। इस पूरे परिवेश ने कवि के भीतर एक पागलपन को जन्म दे दिया है। महज़ नाम के द्वारा कवि उसी वास्तविकता का निर्णय भी करना चाहता है। परन्तु आगे "फिर हुआ जुनून" के माध्यम से उसी निरन्तरता को भी बता देना चाहता है। फिर से वह आब्जेक्टिव से सब्जेक्टिव हो जाता है और कविता को, प्रकृति को और अपने को मिला देता है, एक कर देता है—

सब तुकें एक हैं
यानी कि मेरा
ख़ून।

तुक के माध्यम से कवि कविता को स्पष्ट करना चाहता है, यानी कि इस पूरे परिवेश से उत्पन्न कविता जिसकी कवि सृष्टि करता है, वह कवि के ख़ून से पैदा होती है। इन पंक्तियों को पढ़ने से सपष्ट हो जाता है कि शमशेर का ध्यान अनुप्रासों पर भी रहता है। 'सुतून' और 'जुनून' के चलते जो ख़ून आ गया है उसे भारतीय काव्यशास्त्रीय दृष्टि से अन्त्यानुप्रास का सुन्दर उदाहरण माना जा सकता है। ख़ून के द्वारा कवि स्पष्ट करना चाहता है कि भावनाएँ, कल्पनाएँ और ऊर्जा जो कविता में विद्यमान होती हैं, सब ख़ून से (मेरे ख़ून से) पैदा होती हैं। इसके पश्चात् कवि फिर से अमूर्तन की ओर अग्रसर होता है जिसे वह बार-बार गहराई के माध्यम से व्यक्त करना चाहता है। शमशेर में उर्दू के संस्कार बहुत अधिक हैं जो कि उनकी कविता में क़दम-क़दम पर मिलते हैं। उर्दू कविताओं के प्रिय विषय 'ज़माने की बेअदबी' को शमशेर की इस कविता में देखा जा सकता है। 'बेअदबी' से शमशेर एक और तथ्य की ओर हमारा ध्यान आकृष्ट करना चाहते हैं। उर्दू में अदब साहित्य के लिए प्रयुक्त होता है। और शमशेर यहाँ इसका प्रयोग कर शायद यह स्पष्ट करना चाहते हैं कि साहित्य को समझने की शक्ति अथवा समझ समाप्त होती जा रही है। सम्पूर्ण परिवेश को समझने की संवेदना जो साहित्य देता है वह अब नष्ट हो रही है। कवि संवेदना-शून्य समय की ओर संकेत करना चाहता है। कवि सौन्दर्य-चेतना के निरन्तर नष्ट होते हुए रूप को देख रहा है परन्तु वह स्वयं उसे बचा के रखना चाहता है और इसका विश्लेषण नहीं करता, सिर्फ़ 'इन्तहाई गहराई' तक पाठक को ले जाता है। कवि गहराई में विशेषण लगाता है—इन्तहाई और फिर उसे संज्ञा बना देता है जहाँ अँधेरे में गहराई में उसे प्रतिबिम्ब सुनायी पड़ती है—एक इन्तहाइयत... हाइयत। यहाँ आकर सब कुछ समाप्त हो जाता है। वस्तुतः एक विशेषण के द्वारा कवि गहराई को उपस्थित करना चाहता है। कवि पूरे ज़माने से अपने को बचाकर रखे हुए जहाँ गया, वहाँ सिवाय उसके कुछ न था। इसे शमशेर 'महज़' शब्द द्वारा स्पष्ट करते हैं। महज़ की आवृत्ति के द्वारा शमशेर 'मैं' के भाव को ही गहराई से व्यक्त करना चाहते हैं। इन पूरी पंक्तियों में एक बात स्पष्ट होती है कि अन्तिम सत्य मनुष्य है। 'हूँ हूँ' इस सहायक क्रिया की आवृत्ति के द्वारा अस्तित्व-बोध को रेखांकित करने की कोशिश की है। एक ही क्रिया का दो बार प्रयोग शमशेर की भाषिक विशेषता है।

शमशेर आगे फिर पूरे क्रम को तोड़ते हैं। 'मगर' का प्रयोग कर। कवि ने प्रथम खंड में जिस—'मगर जो मैं हूँ हूँ' को व्यक्त किया था, उसे ही यहाँ आगे बढ़ाते हुए कहते हैं—

मगर
मेरी पसली में हैं—गिन लो
व्यंजन : और उनके बीच में है
स्वर

यहाँ एक बार फिर अशुद्ध तत्त्व (इम्प्योर एलीमेंट)—पसली के रूप में सामने आता है। पसली वस्तुतः 'मेरे ख़ून' की ही व्याख्या है। यह शमशेर का काव्य-भाषा के प्रति अपना विशिष्ट दृष्टिकोण है। शमशेर भाषा के तत्त्वों को अपने भीतर दिखाकर यह प्रदर्शित करना चाहते हैं कि भाषा पैदा होती है—मनुष्य की हड्डी से, मनुष्य के ख़ून से, मनुष्य के श्रम से। 'पसली' 'श्रम' का सूचक है। शमशेर श्रम को कवि के लिए नयी सृजन-शक्ति प्रदान करने वाले तत्त्व के रूप में देखते हैं, इसीलिए तो उसे अपने भीतर बताते हैं—

उसे मेरा ही कहो—फ़िलहाल

'फ़िलहाल' के द्वारा कवि स्पष्ट करना चाहता है कि हालाँकि भाषा एक सामाजिक निधि है परन्तु उस काव्य-प्रक्रिया के भीतर वह कवि की अपनी भाषा हो जाती है। इसी सत्य को वह 'फ़िलहाल' शब्द के द्वारा स्पष्ट करना चाहता है।

इसके पश्चात् कवि स्वयं अपने ऊपर ही व्यंग्य करता है। अपने समाज 'में होते हुए भी' 'न होने के बराबर' की स्थिति उसे लगातार करुणा की ओर ले जाती है। वह अपने लिए निरन्तर अच्छे और बुरे दोनों विशेषणों का प्रयोग करते हैं—

अहा, तुम कितने अच्छे हो कि मूर्ख हो—महात्मा मूर्ख
—इस ज़माने के स्वाँग में उतरे हुए
...एक आदिमतम देवता : स्थिरतम[1]

यह कथन किसी बाहर के व्यक्ति के लिए सम्बोधन नहीं है, बल्कि आत्म-

---

1. यह स्टेज महान् मूर्खों के ही लिए है
आह! यह आधुनिक स्टेज
परिस्थितियाँ हीरो हैं
और यांत्रिक राजनीति हीरोइनें
जितने ही भाषा प्रदेश और देश उतने ही अंक हैं इस नाटक के।

—भाषा, पृ. 72

कथन है। एक बार फिर शुद्ध तत्त्व (अच्छे) के साथ अशुद्ध तत्त्व (मूर्ख) है। बुरे को अच्छा कहा जा रहा है इसमें व्यंग्य है। इसमें एक गहरी करुणा घुली हुई है, वैसी जैसी चार्ली चैपलिन के संवादों में घुली होती है। अच्छे और मूर्ख कहने में एक वक्रता है, टेढ़ापन है, विरोधाभास है। यहाँ यह स्पष्ट होता है कि अपमान से बड़ा अपमान का बोध है। इन पंक्तियों में प्रयुक्त स्वाँग शब्द स्पष्ट करना चाहता है कि हम यथार्थ को जानते हैं लेकिन हम मूर्ख का रोल अदा कर रहे हैं क्योंकि हमें खेलने के लिए यही भूमिका सौंपी गयी है। 'महात्मा मूर्ख' के द्वारा कवि समाज में अपनी स्थिति को ही प्रकारान्तर से स्पष्ट करता है। एक आदिम देवता की तरह, परन्तु इसमें 'तम' जोड़कर कवि आदिम की गहराई को—पुरातनता की ओर अधिक बढ़ाना चाहता है। स्थिरतम उसे एक अबौद्धिक-सी चीज़ जान पड़ता है। इसमें कवि मनीषी पर व्यंग्य है कि शब्दों में चाहे जो हो लेकिन समाज में उसकी स्थिति क्या है। लेकिन कवि तुरन्त इसका निषेध करता है 'नहीं नहीं नहीं'। वह अपने अन्तरतम में व्याप्त उसी स्वर की कल्पना करता है। और इस आशा में कि चट्टान के समान कठोर समाज को तोड़कर कविता की धारा बहती है। इसके पश्चात् कवि फिर से एक उदात्त बिम्ब प्रस्तुत करता है :

एक ही हाथ : बायें आकाश को उठाये हुए है
एक गोल गति इक करोड़ लाख बार घूम-घूमकर

एक ही हाथ, बायें हाथ से आकाश को उठाना और उसके पश्चात् इक गोल गति का लाखों-करोड़ों बार (अनवरत) घूमना के द्वारा कवि अनायास ही श्रीकृष्ण के सुदर्शन चक्र का दृश्य उपस्थित करता है। इसे जाने-अनजाने एक 'पोएटिक एल्यूजन' कहा जा सकता है। लेकिन इसके अतिरिक्त कवि क्या है—उसकी व्याख्या शमशेर ने पूर्व की पंक्तियों में की है। इस बिम्ब द्वारा ये कवि की स्थिति को इस रूप में स्पष्ट करना चाहते हैं कि पृथ्वी घूम रही है और इस घूमती हुई पृथ्वी को अपने भीतर कवि समाहित किये हुए है। इसमें कृतिकार अथवा रचनाकार का बहुत ही विराट चित्र उपस्थित किया गया है। इसमें आकाश कल्पना जगत् का प्रतीक है, अर्थात् सम्पूर्ण कल्पना के संसार को अपनी हथेली पर थामे हुए (इस ठोस पृथ्वी पर) कवि खड़ा है। इसमें बिना नाम लिये ही कवि पृथ्वी की व्यंजना उपस्थित कर रहा है। पृथ्वी की गति का बोध कराकर कवि ने पृथ्वी का बिम्ब उपस्थित कर दिया। कवि शमशेर अपने उर्दू संस्कारों के कारण कभी-कभी दीर्घ का ह्रस्व कर लेते हैं—इक, लेकिन इसके तत्काल बाद ही वे कहते हैं—

मुझे लील जाती है
समूचा
अथाहों के दरिया में
अपने अक्स समेत
सच्च
वह स्वर।

लेकिन कवि जो सम्पूर्ण कल्पना जगत् को अपनी हथेली पर थामे हुए खड़ा है उससे भी शक्तिशाली कौन है? वस्तुतः कवि यह बोध कराना चाहता है कि सम्पूर्ण संसार को लिये हुए जो रचनाकार खड़ा है उससे शक्तिशाली चीज़ यह पृथ्वी है। कवि को ऐसा प्रतीत होता है कि यह सारा यथार्थ (पृथ्वी का) मुझे लील जाता है; यथार्थ उसकी सारी कल्पना को आक्रान्त कर लेता है। उसकी सारी कल्पना मानो ध्वस्त हो जाती है यथार्थ की एक चोट से।

अथाहों के बीच में—यहाँ कवि फिर एक नदी का बिम्ब उपस्थित कर रहा है। वस्तुतः यह कहना कि नदी बहुत गहरी है और 'अथाहों का दरिया' इन दोनों कथनों में फ़र्क़ है। सब कुछ एक गहराइयों की नदी की ओर ले जाना है, समूचे अनुभव में प्रवेश करने पर उसे कहीं ओर-छोर नहीं मिलता। 'अपने अक्स समेत' से कवि का तात्पर्य है कि इस दुनिया के प्रतिबिम्ब उसकी संवेदना में बनते रहते हैं, इसके साथ यथार्थ जीवन के प्रतिबिम्ब के साथ वह स्वयं को अथाहों के दरिया में खोया हुआ पाता है। परन्तु इसमें भी एक चीज़ रह जाती है जो वास्तविक यथार्थ है और वह है—'स्वर'। इसके द्वारा कवि भाषा की मूल इकाई की ओर संकेत कर रहा है।

इसके पश्चात् कवि अपने और इतिहास के बीच के सम्बन्ध को सम्पूर्ण मानव जाति के इतिहास से सम्बद्ध कर देखता है। यहाँ कवि जीवन और जगत् के बुनियादी सत्य की ओर संकेत कर रहा है। यहाँ 'अरावली' के पहाड़ों द्वारा कवि सबसे पुराने पहाड़ों का संकेत देना चाहता है। बिलकुल अपने पूर्व कथन—आदिमतम के रूप में। कवि यह स्पष्ट करता है कि मनुष्य ने अपनी जिज्ञासा को शान्त करने के लिए सच्चाई को जानने के लिए पहाड़ों को (सबसे पुराने पहाड़ों को) खोदा होगा। अब इस पंक्ति में 'खोद डाले गये होंगे' में क्रिया भूतकाल की है और होंगे से कवि उसे भविष्य से सम्बद्ध कर एक ख़ूबसूरत अन्तर्विरोध उत्पन्न कर रहा है। मनुष्य अन्वेषण करता है यह सोचकर कि वह अपने अन्तर में हुए सब प्रश्नों का हल ढूँढ़ लेगा। लेकिन जिज्ञासाएँ फिर रह जाती हैं। सत्य को कौन जान सकता है! पृथ्वी की दरारें मानो उसकी

बिवाइयाँ हैं। यहाँ बिवाई बिलकुल लोकभाषा का शब्द है और यह पृथ्वी के असंख्य करोड़ों वर्ष से चले आने का संकेत करा रहा है। मनुष्य और धरती के एक साथ चलने में कवि ने दरारें और बिवाइयाँ शब्द का प्रयोग किया है। इसके पश्चात् कवि पृथ्वी और मनुष्य की उलझन का संकेत करना चाहता है। दरारें कविता की पंक्ति की तरह हैं। पृथ्वी उसी प्रकार उलझी हुई है जिस प्रकार कविता। 'चक्कर' और 'स्थिर' के द्वारा कवि एक अन्तर्विरोध को स्पष्ट करना चाहता है। इसमें कवि ने एक बिलकुल नये सादृश्य का प्रयोग किया है—कविता की पंक्तियों के लिए पृथ्वी की दरारों का।

लेकिन आगे चलकर कवि शमशेर का भाषा के प्रति दृष्टिकोण फिर से लौटकर वहीं (स्वर पर) आ जाता है। 'हाँ मगर वह स्वर' स्वर सच्चा है। वह नहीं मरता। स्वर आकाश में गूँजता है। कवि स्वरलोक में विचरण कर रहा है। वह स्वरलोक में लौटकर बार-बार आ जाता है। इसे कवि 'फ़नल' के द्वारा स्पष्ट करता है। जिस प्रकार उससे निकला हुआ धुआँ सम्पूर्ण वातावरण में फैल जाता है उसी प्रकार स्वर है। कवि सीढ़ियों के समान उलझे पथों का संकेत कर रहा है। अर्थात् कल्पना का लोक सीढ़ियों के समान उलझा हुआ है। इन पंक्तियों में कवि ने एक बहुत ही सुन्दर प्रयोग किया है—मैं :

मैं
सीढ़ियों के-से
उलझे-पुलझे पथों से
चढ़ रहा हूँ उतर रहा हूँ चढ़ रहा हूँ—
तर रहा

अन्त में आते-आते कवि 'उ' ग़ायब कर देता है और मनुष्य के हवा में तैरने की काल्पनिक क्रिया को पाठक के सामने शब्दों के माध्यम से कितनी सहजता और सफ़ाई से व्यक्त कर देता है। इसके पश्चात् कवि का कथन है कि वह एक नन्हा मगर गहराइयों वाला अणु है। यहाँ अणु वस्तुतः व्यक्ति के लिए ही प्रयुक्त हुआ है। नन्हा और गहराइयों में विरोध है। लेकिन इससे मनुष्य की तस्वीर कवि स्पष्ट कर देता है। व्यर्थ का अभ्युदय इन पंक्तियों में कहीं-न-कहीं अस्तित्ववादी दर्शन का प्रभाव है। यहाँ अस्तित्ववादी दर्शन से सम्बद्ध दो शब्द हैं—'क्षण' और 'व्यर्थ'। कवि व्यक्ति के विकास को 'अभ्युदय' द्वारा स्पष्ट करता है और 'क्षण' की निरन्तरता का बोध भी कवि कराना चाहता है—एक बूँद लहू—अर्थात् मनुष्य के ख़ून की परम्परा जो कभी समाप्त नहीं होती है। 'लहू' शब्द पौराणिक चरित्र रक्तबीज की ओर संकेत कर रहा है। 'भविता'—

अस्तित्व को यहाँ कवि अपने द्वारा स्पष्ट करता है। कि मैं उसी परम्परा में से एक हूँ, लेकिन कवि तीन क्रियाओं का—'है' 'हो' 'था'—एक साथ प्रयोग करके काल की निरन्तरता को स्पष्ट कर देता है।

इसके पश्चात् शमशेर अपनी कविता की व्याख्या भी कर रहे हैं—एक विलयनवादी[1] काव्य जो कि केवल "मैं लिखता—लिख सकता—हमेशा नहीं—वैसा काव्य।" वस्तुतः विलयनवादी काव्य से कवि का तात्पर्य अपनी कविता में सम्पूर्ण रूप में अपने आपको डुबो देने का है। कहीं-न-कहीं इन पंक्तियों में शमशेर अमूर्तन की ओर संकेत कर रहे हैं। सारे बिम्ब एक शून्य में खो जाते हैं, यह मानो उसके काव्य की विशेषता है। इसमें दोनों प्रकार के अर्थ हैं—ध्वनित—(शब्द) और अध्वनित—(मौन)। सबसे अन्त में कवि फिर वाक्य को अधूरा छोड़ देता है 'स्व...' इत्यादि कहकर। वस्तुतः इस प्रयोग द्वारा कवि पूर्ण पंक्तियों का सम्बन्ध अपने (स्व) से भी जोड़ना चाहता है।

वस्तुतः शमशेर इतिहास को जब कविता में स्थान देते हैं तो केवल मात्र कुछ ऐतिहासिक तथ्यों को लेकर नहीं, अपितु वह इतिहास से सम्पूर्ण मानव जाति के विकास को सम्बद्ध कर देखते हैं :

समय के
चौराहों के चकित केन्द्रों से
उद्भूत होता है कोई : उसे व्यक्ति कहो
कि यही काव्य है।

समय के चौराहों द्वारा कवि इतिहास का बोध कराना चाहता है। 'चौराहे' और 'चकित' के द्वारा कवि अनुप्रास के प्रयोग द्वारा एक चित्र उपस्थित करता है। 'चौराहे' के द्वारा कवि, यह भी स्पष्ट करना चाहता है कि चारों दिशाओं से सम्बद्ध व्यक्ति उत्पन्न होता है। व्यक्ति का प्रयोग शमशेर अभिव्यक्ति के लिए करते हैं। शमशेर व्यक्ति शब्द का धातुगत अर्थ में प्रयोग करते हैं। व्यक्ति स्वयं प्रकट होता है कविता के रूप में। उस अभिव्यक्ति में कवि अपने आपको खो दिया जाना गवारा करता है। व्यक्ति और युग भाव—'सब्जेक्टिव' और 'आब्जेक्टिव' दोनों उस अभिव्यक्ति में घुले-मिले हैं। वहीं—शायद मेरे लिए मात्र—अपने अस्तित्व का बोध कराकर कवि आत्मतम से आगे बढ़ना चाहता है। 'वस्तु सत्य' और 'आत्म सत्य' जहाँ दोनों मिलते हैं एक कलाकार की वस्तु-स्थिति वहाँ है। 'बिम्ब' और 'पाठक' के द्वारा कवि इन्हीं दोनों स्थितियों का एक साथ चित्रण करता है।

---

1. 'विलयनवादी' वस्तुतः विजयदेव नारायण साही के लेख से लिया गया शब्द है। अपने आलोचक द्वारा उठायी गयी बात की पुष्टि कवि स्वयं कर रहा है।

कवि पाठक के द्वारा यह स्पष्ट करना चाहता है कि जिसको सम्बोधित करके कविता लिखी गयी है, मेरी कविता के बिम्ब अर्थ प्राप्त करते हैं पाठक के निकट जाकर। मेरे पाठक मेरी ही कविता में मौजूद हैं। अन्तिम दो पंक्तियों को कवि ने अनुप्रास की समानता द्वारा व्यक्त किया है। कविता और व्यक्ति सब अव्याख्येय हैं! कवि 'मेरी' द्वारा यही स्पष्ट करना चाहता है।

कविता के अन्तिम अंश में कवि काव्यभाषा की सर्जनात्मक प्रवृत्ति का सुन्दर प्रयोग करता है :

शराब
यानी इनसानियत की तलछट का छोड़ा हुआ
स्वाद
मुझे दो।

शराब को आधुनिकता के सन्दर्भ में रखकर कवि ने उसका सम्पूर्ण अर्थ-चित्र बदल दिया है। पैमाने में आख़िर में बची हुई शराब को कवि इनसानियत कहता है। लेकिन शराब उसकी इनसानियत का छोड़ा हुआ स्वाद है। कवि चाहता है—मनुष्यत्व। लेकिन उसके पैमाने के रूप को स्पष्ट करता है—"मगर पैमाना हो, फ़ोनिमिक्स"। यहाँ कवि ने अपने भाषा-सम्बन्धी दृष्टिकोण को पूरी तरह स्पष्ट कर दिया है :

उन भाषाओं का, पश्चिम और पूर्व की जो
मिलनसीमा को
आर्गनित
करती है

कवि ने स्वर के लिए 'फ़ोनिमिक्स' का प्रयोग कर एक अजीब-सी गूँज उत्पन्न कर दी है। शमशेर अपने संस्कारों के कारण उर्दू और अंग्रेज़ी के शब्दों को ज्यों-का-त्यों कविता में रख देते हैं। फ़ोनिमिक्स इसी का उदाहरण है। फ़ोनिमिक्स के द्वारा जाने-अनजाने कवि ने फ़ोनिक्स का बिम्ब भी उपस्थित कर दिया है। फ़ोनिक्स—एक ऐसी चिड़िया जो कि अपनी राख से ही स्वयं उत्पन्न हो जाती है। उसी प्रकार भाषा कभी ख़त्म नहीं होती अपितु विकास को प्राप्त करती है; भाषा सदैव विकसित होती है। अपनी कविता में दूसरी भाषाओं के शब्दों के सार्थक प्रयोग द्वारा कवि शमशेर ने मिलनसीमा को स्वयं ही स्पष्ट कर दिया है। आर्गनित-अंग्रेज़ी शब्द का हिन्दी की क्रिया के रूप में प्रयोग किया है। अर्थात् सीमाओं को एक-दूसरे से जोड़ती है। उसी भाषा में, उसी मिलन की अभिव्यक्ति में मेरा कवि व्यक्तित्व उजागर हो सकता है। लेकिन इस शराब का

नशा कवि को स्वयं तभी होता है जब उसे कोई उठाकर एक घूँट पी सके। यहाँ कविता का मानवीकरण किया गया है जो कि अपने आप में अछूता है। और कवि स्वयं नशे में डूब जाने के लिए उसी शराब की माँग करता है; जहाँ भाषा के भेद मिट जायें और कवि उसी भाषा की अभिव्यक्ति में खो जाये बस, वही नशा कवि चाहता है।

यह पूरी कविता वस्तुत: कविता की अपने आप में काव्यात्मक अभिव्यक्ति है और शमशेर के काव्यभाषा सम्बन्धी दृष्टिकोण को उजागर करती है। शमशेर की काव्यभाषा के अनेक आयामों की सफल अभिव्यक्ति इस कविता में देखने को मिलती है। कविता का स्वर अपने शब्दों के अनुरूप और वाक्यों के अनुरूप बदलता है। और अन्त में आकर ऐसा प्रतीत होता है कि एक कविता का अस्पष्ट रूप एक नशे में परिवर्तित हो गया है।

सत्यमेव जयते

[भारत-चीन युद्ध]

वह पहाड़ी नदी एक रायफ़ल की बाढ़ है
जिसके किनारे दलाई लामा खड़ा है।

और कवचधारी पंचशील लड़ रहे हैं
हमारे खुले बदन पंचशील से।
इस धोखे का नाम दोस्ती है और इस दोस्ती को हम
चीन कहते थे।

कोई हिमालय पर कालिख पोत सकता है?
कोई ब्रह्मपुत्र से खिलवाड़ कर सकता है?

(हमारे होंठ अस्सी करोड़ गुना बल से
भिंच गये हैं
वर्ना जाने क्या चबा डालेंगे!)

तिरंगे का अशोक-चक्र घूम रहा है
दो हज़ार मील के घेरे में।
कैलास पर लाल भभूत कैसे रम सकती है!

इतिहास कितना बौना है :
दो हज़ार साल में चीन के
अक़्ल की दाढ़ नहीं निकली!

अशोक साम्राज्य की सीमाएँ
कहाँ तक थीं?!

क्या बुद्ध का नाम हिमालय के पार भी
लोग लेते हैं?
अगर तोपों के मुँह में ज़बान है
सच्चाई की,
और बम्बार ही भाई-भाई को पहचानेंगे;
तो
तो—मार्क्स को जला दो! लेनिन को उड़ा दो!
माओ के क्यून-ल्यून को
प्रशान्त महासागर में डुबा दो!

हिमालय पहाड़ कोई चीन की दीवार तो नहीं
जिसे लाँघ जाओ!

अखिल सच्चाई के महादेव
बौनों पर करुणा से हँसते हैं।
(मगर यह दीक्षा लेने का कौन-सा ढंग हुआ!
झूठ के झुटपुटे में,
चोर-दरवाज़े से,
दस्यु के वेश में?)

(...सुबह होने दो : ज्ञान मिल जायेगा!)

(2)

माओ ने सब कुछ सीखा, एक बात नहीं सीखी :
कि झूठ के पाँव नहीं होते!
सत्य की ज़बान बन्द हो,
फिर भी वह गरजता है!
सत्य की कसी हुई मुट्ठियाँ सहसा

खुलती हैं
तो आँधियाँ आती हैं :
जो एटामिक मोर्चों को भी आख़िरकार
उड़ा ले जाती हैं!
यह धरती अपनी जिस कीली पर घूम रही है
वह सत्य है :
वह शक्ति के दुरभिमानियों का
रसातल नहीं!

सूरज को रोज़ हमसे पहले देखने वालो,
क्या तुम अन्धे हो!
काल को अपने की दीर्घ बलिदानों में
पहचानने वालो,
क्या तुम मूर्ख नहीं हो?
भारत के सरल हृदय के
मैत्री भाव पर
घूँसा मारने वालो,
तुम शायद, शायद, मानव जाति के नहीं, क्यों!?

पशु को युगों हुए हम बलि दे चुके!
—तुम उसी के आवारा प्रेत हो क्या!?
क्यों?
—नहीं! नहीं! नहीं!!!

(3)

धरती करवट ले रही है।
हम और भी ठोस आधार दे रहे हैं
एशिया की नींव को
और भी मज़बूत कर रहे हैं!
काम बहुत हैं—और तुम्हें भी हाथ बटाना ही होगा!—
—मगर होश में आ कर,

इस हमारी धरती की गन्ध और अच्छी तरह पहचान कर
सूँघ कर, जान कर—देख कर अक़्ल की आँखों,
कि भारत हिमालय है, गंगा है,
हिन्द महासागर है!
दुनिया की अतिशय पावन शक्ति है!

बम और राकेट के एटमी खेल भी
हम खेल सकते हैं—
इतना अकूत उत्साह और एका है
हमारे ज्ञानी वैज्ञानिक खिलाड़ियों में!
समय की साँस हम बाँध रहे हैं
अपने सीने में :
गति और प्रगति अपनी
अब बहुत पीछे न रहेगी!

वायवी ड्रैगन तो
हिमालय के इधर नहीं आते हैं।

जब तुमने हमला किया तब इधर
आया त्योहार विजयदशमी का :
और एक गम्भीर दीवाली का!

नीली सफ़ेद सब वर्दियाँ तुम्हारी
आसमान में और बर्फ़ में
यथार्थ ही लाल हो रही हैं!

सुनो माओ, तुम सचमुच अगर कवि हो, और कवि तुम हो—
तो सोचो, कि
मन्दिर है प्रत्येक मनुज धरती पर,
उसकी धरती ही उसकी वेदी :
तुम किसको गिरा रहे हो, सोचो!
अपनी धरती की ही मिट्टी का नास कर रहे हो

हमारी घाटियों में
तुम्हारी सजीव खाद की
कोई आवश्यकता नहीं!!

यहाँ! न हमारे
खाद की
उधर!!!

माओ,
शिव-लोक में चीनी दीवार न उठाओ!
वहाँ सब कुछ गल जाता है
सिवाय सच्चाई की उज्ज्वलता के!
असत्य कहीं नहीं है!
शक्ति आकार में नहीं,
सत्य में है!

हमारी शक्ति
सत्य की विजय
उसी एक धारणा की विजय, जो आज
सचेत-अर्द्ध-सचेत रूप में
हम हैं!
याद रखो
सत्यमेव जयते!
सत्यमेव जयते!
सत्यमेव जयते!

अंग्रेज़ी कविता (प्रारूप)

To a New Poet

O young Poet-Apollo of Action,
Young Mind, swift and
    sure like an arrow :
a life dedicated to the
    meaning of Beauty.

Did I see some counterpart of
my own shy restless youth–
a very restless, very shy poet's
youth' in you just now
across the ages–to renew
my spirit?

Or was that an early window–
    flash opened again
in your face for me to peer into...
    into the eyes of my love
    of my lost lost loves?

O do bear my youth...but O
    bear it with

passion, honour and a
    secret religion
that only intimate poets follow.